轻与重
FESTINA LENTE

姜丹丹 主编

力量
美学人类学的基本概念

[德] 克里斯托弗·孟柯 著 翟灿 何乏笔 刘沧龙 译 何乏笔 校

Christoph Menke
Kraft.
Ein Grundbegriff ästhetischer Anthropologie

华东师范大学出版社 | 上海

华东师范大学出版社六点分社　策划

主 编 的 话

1

时下距京师同文馆设立推动西学东渐之兴起已有一百五十载。百余年来,尤其是近三十年,西学移译林林总总,汗牛充栋,累积了一代又一代中国学人从西方寻找出路的理想,以至当下中国人提出问题、关注问题、思考问题的进路和理路深受各种各样的西学所规定,而由此引发的新问题也往往被归咎于西方的影响。处在21世纪中西文化交流的新情境里,如何在译介西学时作出新的选择,又如何以新的思想姿态回应,成为我们必须重新思考的一个严峻问题。

2

自晚清以来,中国一代又一代知识分子一直面临着现代性的冲击所带来的种种尖锐的提问:传统是否构成现代化进程的障碍?在中西古今的碰撞与磨合中,重构中华文化的身份与主体性如何得以实现?"五四"新文化运动带来的"中西、古今"的对立倾向能否彻底扭转?在历经沧桑之后,当下的中国经济崛起,如何重新激发中华文化生生不息的活力?在对现代性的批判与反思中,当代西方文明形态的理想模式一再经历祛魅,西方对中国的意义已然发生结构性的改变。但问题是:以何种态度应答这一改变?

中华文化的复兴,召唤对新时代所提出的精神挑战的深刻自觉,与此同时,也需要在更广阔、更细致的层面上展开文化的互动,在更深入、更充盈的跨文化思考中重建经典,既包括对古典的历史文化资源的梳理与考察,也包含对已成为古典的"现代经典"的体认与奠定。

面对种种历史危机与社会转型,欧洲学人选择一次又一次地重新解读欧洲的经典,既谦卑地尊重历史文化的真理内涵,又有抱负地重新连结文明的精神巨链,从当代问题出发,进行批判性重建。这种重新出发和叩问的勇气,值得借鉴。

3

一只螃蟹,一只蝴蝶,铸型了古罗马皇帝奥古斯都的一枚金币图案,象征一个明君应具备的双重品质,演绎了奥古斯都的座右铭:"FESTINA LENTE"(慢慢地,快进)。我们化用为"轻与重"文丛的图标,旨在传递这种悠远的隐喻:轻与重,或曰:快与慢。

轻,则快,隐喻思想灵动自由;重,则慢,象征诗意栖息大地。蝴蝶之轻灵,宛如对思想芬芳的追逐,朝圣"空气的神灵";螃蟹之沉稳,恰似对文化土壤的立足,依托"土地的重量"。

在文艺复兴时期的人文主义那里,这种悖论演绎出一种智慧:审慎的精神与平衡的探求。思想的表达和传播，快者，易乱；慢者，易坠。故既要审慎，又求平衡。在此，可这样领会：该快时当快，坚守一种持续不断的开拓与创造；该慢时宜慢，保有一份不可或缺的耐心沉潜与深耕。用不逃避重负的态度面向传统耕耘与劳作，期待思想的轻盈转化与超越。

4

"轻与重"文丛，特别注重选择在欧洲（德法尤甚）与主流思想形态相平行的一种称作 essai（随笔）的文本。Essai 的词源有"平衡"（exagium）的涵义，也与考量、检验（examen）的精细联结在一起，且隐含"尝试"的意味。

这种文本孕育出的思想表达形态，承袭了从蒙田、帕斯卡尔到卢梭、尼采的传统，在 20 世纪，经过从本雅明到阿多诺，从柏格森到萨特、罗兰·巴特、福柯等诸位思想大师的传承，发展为一种富有活力的知性实践，形成一种求索和传达真理的风格。Essai，远不只是一种书写的风格，也成为一种思考与存在的方式。既体现思索个体的主体性与节奏,又承载历史文化的积淀与转化,融思辨与感触、考证与诠释为一炉。

选择这样的文本,意在不渲染一种思潮、不言说一套学说或理论,而是传达西方学人如何在错综复杂的问题场域提问和解析,进而透彻理解西方学人对自身历史文化的自觉,对自身文明既自信又质疑、既肯定又批判的根本所在,而这恰恰是汉语学界还需要深思的。

提供这样的思想文化资源,旨在分享西方学者深入认知与解读欧洲经典的各种方式与问题意识,引领中国读者进一步思索传统与现代、古典文化与当代处境的复杂关系,进而为汉语学界重返中国经典研究、回应西方的经典重建做好更坚实的准备,为文化之间的平等对话创造可能性的条件。

是为序。

姜丹丹(Dandan Jiang)
何乏笔(Fabian Heubel)
2012年7月

……所以,在美学状态中人是零[……]。
———弗里德里希·席勒,《美育书简》

目　录

前言　何以有美学？/ 1

第一章　感性 / 1
第二章　实践 / 23
第三章　游戏 / 54
第四章　美学化 / 83
第五章　美学：哲学的论争 / 114
第六章　伦理学：自我创造的自由 / 136
附录　力量的习练：一场讨论的后记 / 167
译者说明 / 193
汉德译名对照表 / 194

前言　何以有美学

[7]何以有美学？——这个问题似乎可有一个简单明快的答案。美学之所以存在或被需要，是因为有着美学事物(das Ästhetische)：因为有(被标志为"美学的")对象，对这些对象进行哲学反思乃是美学的任务——如各种艺术、审美和崇高，或运动、设计、时尚等。因为有着美学的诸对象，所以也必然有美学的理论。——凭着这样的回答，美学已可以在其他所有哲学专业分支如政治哲学、道德哲学、科学哲学、技术哲学和文化哲学等等之旁，占其一席之地。

这样的回答却忽视了一点，即那些被称为美学对象的存在绝非不言而喻：我们所谓"艺术"是否为另一种经济领域——亦即"文化工业"的一部分，如同运动、设计、时尚等都属于这个产业？我们称之为"美"之物，是否并非仅为愉悦感受(或大脑中相应事件)的引发者?更甚者,这些对象构成了一个能称之为"美学的"连贯领域也并非不言而喻的:难道这种领域不是全然不同事物的堆积?事情显得是,为了从事美学,人们首先必须对诸美学对象的存在深信不疑,必须对它们"感兴趣"才能进行美学。如果"何以美学"这个问题是在其对象这里得到回答,那么美学将成为个人兴趣的表现——还会随着兴趣的变化而上升(或下降)。

然而,奠基美学的并非是美学诸对象(以及对它们的兴趣[8])。美学反而是奠基美学对象的领域:美学之所以能成为美学事物的理论,是因为美学构成美学事物,是因为美学首先产生了可当作"美学的"对象。"何以美学"的问题并不能借助于"因为美学的事物存在(并且我们对之有兴趣)"这点来回答,因为提出"何以有美学"的问题就意味着对**何以有美学事物**的质问。当美学将"美学的事物"作为自己的对象而产生出来——以此也把自身产生出来——这意味着什么?又具有哪些前提和后果?

※

本书对美学之构成的回顾是经由重构的途径而进行的:重构美学在18世纪(亦即在鲍姆加登《美学》与康德《判断力批

判》之间)的形成。由此可知,美学并没有对哲学之正当对象的领域加以扩展——因为所有这些对象先前即已存在。通过引进"美学事物"这个范畴,美学只是以一种在根本上的新方式规定这些对象。不过,对美学的历史形成的重构首先表明,引进"美学事物"这个范畴,不啻于改变哲学的基本概念。现代哲学是在美学之中——或当作美学(als Ästhetik)——而开始的。

所以说,正是美学(即鲍姆加登意义上的那种最初的美学)给主体的概念落下烙印:主体的概念作为诸官能(Vermögen)的总体、诸能力(Fähigkeiten)的主管之所;主体作为能手(Subjekt als Könner)。由于鲍姆加登将感性的认识和表达理解为主体将施行经由习练所培养的官能,他已经陈述了对人之诸实践(Pratiken)(以及对哲学作为其通达[Gelingen]的可能性条件之探索)的现代理解。*所以*,美学,亦即对美学事物的反思,[9]在现代哲学内有着一种承载性的角色:在美学之中,主体的哲学,或者说,关于主体官能的哲学,确定了自己的可能。

在这里,在美学事物及其反思之处,主体的哲学同时也遇上了其最重要的对手:此对手是从内部与它抗争的。因为"鲍姆加登式的"(赫尔德语)美学,即当作有关主体之感性官能的理论,立刻与**另一种**美学产生对立:力量的美学。后者并不把美学事物理解为(对某事物的)感性认识和表达,而是把它理解为表现的游戏——那是被一种实现*自身*的力量所推动,而并不是如同官能一般借由实践而施行的;这种力量并不重新认识什么,也不再现什么,因为它是"幽暗"而无意识的;这种力量并非"主体"的力量,而是"人"的力量(此处的"人"是指自己不同于"主体"的人)。力量的美学是一种有关人之自然(Natur des Menschen)的学说:它关系到人的美学自然,此乃不同于人经由习练所获得的诸实践的文化。

※※

这就是本书的六章要展开的命题。第一章借助于感性的理性主义概念来回顾美学的出发点:感性不能借由定义来规定,它是没有度量的。第二章重构鲍姆加登感性认识的美学,将之当作主体及其官能的理论;与此衔接的是美学主体化的相关争论,是否要将之理解为个体化或规训化的活动?第三章和第四章从赫尔德、苏泽尔和孟德尔颂等人的文本,展开力量美学作为反模式的基本主题:美学事物作为一种"幽暗"力量的作用,是一种没有一般性的施行,外于规范、法则和目的——即一种*游戏*。而美学事物作为自我反省的快感是主体及其官能和诸种实践之变化的过程——此即*美学化*的过程。

[10]力量的美学奠基了一种差异的人类学,即奠基了力量与官能,以及人与主体之间的差异。最后总结的两章探讨以下课题:关于哲学美学的理念,以及作为善行理论(Theorie des Guten)的伦理学。第五章在与康德的商榷中揭示,把自己理解为力量美学的一种美学乃是一场不可消解的争执:美学在哲学之中展开哲学与美学经验之间的争执。第六章接续尼采的思考,展示美学经验作为力量游戏的经验所具有的伦理学意义:它教我们行动与生命的区分,亦教我们生命的另类善行(das andere Gute)。

第一章 感　　性

想象力的不确定性

[11]美学的历史始于一个辩驳的动作(Akt der Bestreitung):关于"审美"(das Schöne)能够有一种理论,能够有一种可靠的知识。在美学的开端,笛卡尔树立着对其可能性的怀疑。他写信给马林·梅森(Marin Mersenne)说:"至于您提到能否确定审美之根据[la raison]的这个问题,在我们看来,除了审美这个词主要涉及视觉这点之外,此问题就如同您曾对一个音为何比另一个音更令人愉悦的提问,这完全是同一类的问题。不过,站在全然一般意义的角度,不论是审美或是愉悦,所意指的无非是我们的判断与对象的一种关系;并且因为人的判断如此不同,我们只能说,无论是审美或是愉悦,都不

具备任何确定的尺度。"①

审美没有根据(Grund),没有理性,因而人们无从掌握,"相反地,按某人的感知[la fantasie],有时候,我们觉得有三种图像的排列是最美的,但对其他人来说可能有四种或五种以上的图像是最美的。而通常被大多数人喜爱的就会被直接认为是最美的,也因此审美是不能被确定的[ce qui ne saurait être déterminé]"。② 审美等同于"不可确定性"(das Unbestimmbare)。

感官的任意

笛卡尔以其不可确定性对审美作出"规定"(Bestimmung),对美学的理念采取了两个根本性的举措。第一个举措就是,审美被[12]移置到诸感官的领域中。审美是感性(Sinnlichkeit)的效应(Effekt),所以笛卡尔轻易地将审美等同于"愉悦"(l'agréable)。相较于这种基本规定,其他所有的区别都成为次要的:不论是自然与艺术的区别、被给予的审美

---

① 笛卡尔致梅森(Descartes an Mersenne),1630 年 3 月 18 日信,收入 René Descartes, *Oeuvres*, Charles Adam / Paul Tannery 编, *Correspondance*, Paris: Vrin 1974—1989, 册 I, 132—133。德译本收入 René Descartes, *Briefe 1629—1650*, Max Bense 编, Köln/Krefeld: Staufen 1949, 39—40。

② 同上。

2

与制作的审美之间的区别,或者是接受者和创作者的区别、理解审美和创造审美的区别。换言之,不断变幻的审美印象之游戏的自然现象①,亦或是对色彩和乐音的人为安排②的相关解说,皆无根本差别。所以,不论是从作品中的生产或是从判断中的再生产来看审美印象的产生,皆无根本差别。将审美归结于感性事物(das Sinnliche),让向来清楚分开之物归结于同一领域,于是自然美与艺术美,艺术创作者与艺术观赏者都仅仅是"感性"的不同形态。自此,一个后来被称之为"美学"的领域被构成了。

笛卡尔以其不可确定性界定审美的第二个举措在于,否认感性(感性的效应是审美)有任何的再现功能:对审美之印象的感性产生,不论是在对审美之创造,或是在对审美之理解的情况下,都没有客观内涵。③ 笛卡尔致梅森的信件论及对

---

① 见笛卡尔致伊丽莎白公主信。相关讨论参见下文"病理学的效应"一节。另参见"Le jeu sensible des couleurs"一章,收入 Pascal Dumont, *Descartes et l'esthétique. L'art d'emerveiller*, Paris: Presses Universitaires de France 1997, 44—62。

② 参见 Renatus Descartes, *Musicae Compendium-Leitfaden der Musik*, Johannes Brockt 编译, Darmstadt: Wissenschaftliche Buchgesellschaft 1978。笛卡尔在致梅森的信中引用了自己这篇当时尚未发表的文章中的内容;在此处,他也谈到了"感性"的概念(页5—7)。

③ 参见 Dumont, *Descartes et l'esthétique*, 71—102。对"美学机制"(ästhetisches Regime)的规定,另参见 Jacques Rancière, *Le Partage du Sensible. Esthétique et Politique*, Paris: La Fabrique-éditions 2000, 28—30。

审美的判断:审美判断不因对象而有变化,而是依赖那些进行判断的人。"美学的"判断是在审美之效应的感性产生中所表达出来的,因此这种感性的产生并没有呈现对象的状态,尽管判断似乎是指向这个对象。这是一种没有摹仿的产生。无论观赏者品味中对审美的印象,或是借由画家、作曲家和诗人之艺术所存在的审美的印象,两者都生产形式,但并非再现任何形式。不论[13]是("美学的")品味还是("美学的")艺术,都不能代表一种客观的界定(品味不能再现其对象,艺术不能再现世界),因为作为"感性"的形象,它们什么都不能再现。如果笛卡尔为美学而采取的第一个基本举措,是借助于感性的共同点来构成美学事物的领域,那么他的第二个基本举措则在于,同时又通过这种做法让美学事物从任何再现的要求中解放出来。然而,这种解放是**为了什么?**

感性表象(Vorstellung,或译"表象")以对象及其特征为内容。笛卡尔认为,对感性表象而言,当作"表达"(真实对象和特性的表达)是外部。情况不如说是,由于我们借助于知性对感性表象作出"检查"和"检讨",它们才**成为**对真实的表达(Darstellung)。① 然后,我们才能够在它们之内作出区分,"我

---

① Descartes, *Meditationen*, III. 19;79. 我在引用笛卡尔原文时使用以下简写: Rene Descartes, *Meditationes de prima phlosophia/Meditionen über die Grundlagen der Philosophie*[以下简写:Descartes, *Meditationen*]; （转下页注）

4

在它们那里清楚明白地洞察着的东西,也就是按照长度、宽度与深度去看的体积和广延,以及由这个广延的边界所产生的形态、位置",等等。于是,我们通过理性的检查而非通过感性的表象,认识到了这东西是什么:"然而,对所有其余的东西,如光、颜色、声音、气味、口感、冷暖以及其他种种触觉的质,我的思考只是极为混浊和幽暗的,也就是说,我并不知道它们真还是不真,因此,我并不知道自己从这些东西所得的那些表象,究竟是关于某种东西的表象,还是什么都不是。"①

所以说,正是在这种感性表象之中,即在脱离自我的检查和澄清的所有一切之中,已揭示出,感性的表象活动根本上是什么或从其自身看是什么:感性表象是从真实对象"出发",但并不是真实对象的表达,因此,这些感性表象自身不可能与真实对象"相似"。② 因为,当感性表象从一个对象出发,亦即被对象所引发时,这些表象总是已超出了此对象;这些表象[14]

(接上页注) *Regel et directionem ingenii / Regeln zur Ausrichtung der Erkenntniskraft* [以下简写:Descartes, *Regeln*]; *Discours de la methode pour bien conduire sa raison, et chercher la verite dans les sciences / Von der Methode des richtgen Vernunftgebrauchs und der wissenschaftlichen Forschung* [以下简写:Descartes, *Methode*]。上述三份文献均引自 Descartes, *Philosophische Schriften in einem Band*, Hamburg: Meiner 1996。

① Descartes, *Meditationen*, III. 19;79.
② Descartes, *Meditationen*, III. 11(71).

对借由感官所接受①并向"共通感"(Gemeinsinn)②而传输的印象加上某物,由此才把它造成为一种表象。从一个被动接受的印象中产生出表象的这种情况,是通过想象力即想象或幻想而发生的。检查式的思想则在它们的产物那里着手工作,以便把清晰和明确之物与幽暗、混浊之物区分开,由此从一种表象中造成为一种表达、一种认识:"认识并非是视看,并非是触摸,并非是臆想[……],相反,它是唯独知性才有的一种洞见。"③

此处,对感性之可靠性的传统保留被极端化为对感性之认识能力的一种基本怀疑,这是新的观念。特别新颖的是,笛卡尔为知性同样原则上能够认识、能够产生现实的诸再现(Repräsentationen)的主张所提出的理由:按照笛卡尔的看法,原因就在于,能够行动的只是知性,而不是感性。所以,笛卡尔式的纲领只是为了而且透过知性才能实现,在这个纲领中,认识论与伦理学发生着交集:"改造我自己的思想

---

① Descartes, *Regeln*, XII. 5(77):"也就是说,人们首先必须象表[vorstellen],所有的外部感官,倘使它们都是躯体性的器官,[……]在本来意义上只是被动地[per passionem]感知着,其方式与封蜡从图章接受了[recipit]印记是一样的。"

② Descartes, *Regeln*, XII. 7(79):"其次,人们必须象表,外在感官所接受到的那个形象,由于这感官被客体所改变,已被移植到身体的另一部分,也就是被叫做共通感的地方。"

③ Descartes, *Regeln*, II. 12(55).

并把它建立在一个完全属于我的土地上。"①知性的诸观点能够改造,因为改造它们就意味着按照方法,以一种有规则的步骤序列,借助于来自"自明的诸直觉"的各种必然演绎,把观念彼此重叠地建立起来。也就是说,观念容许改造,[15]因为它们是"我们知性的诸行动";②因为,只要我们能够"凭借自身的力量[或努力 propia industria]"把我们自己的观念产生出来,③并借此能够"引导"和"驾驭"自己。④ 笛卡尔想要在其上"进行建设"的那个"完全属于我的土地",此土地是在我自身之内找不到的,相反,是我自己才把它造成为我自己的这个土地。我把自身造成为我自己要进行建设的土地,因为我把自己造成为行动者而且把自己观念造成为行动,亦即造成为我在每一步实现、每一步控制的一种施行。然而,我做到这点,只可能是在知性的领域中。或者说,知性是我能这样(即"我"就"能"这样)的领域,因为在此领域中,我就是我。至于笛卡尔认为只有知性是有认识能力的,乃是基于笛卡尔将认识能力归因于行动能力(如此,笛卡尔引进近代的主体概念,而并不是借由自我意识的优先

---

① Descartes, *Methode*, II.3(25).
② Descartes, *Regeln*, III.4(17).
③ Descartes, *Regeln*, X.I(63).
④ Descartes, *Methode*, II.4(27); Descartes, *Meditationen*, II.10(53).

性)。

相反在"感性"的领域,不可能存在任何向前推进的"方法",因为在这里根本不可能存在任何自己的、由自身而主导的向前推进——而正因如此,也不可能有认识。所以,正如笛卡尔是以此论证知性的认识能力:知性能够行动并因此"完全(属于)我"[tout à moi],反过来,他是从这里出发去解释感性的认知无能[Erkenntnisunfähigkeit der Sinnlichkeit]:感性的运作[sinnliches Geschehen]是无我[ich-los],而非行动。因此,在笛卡尔那里,感性与知性对立的一个一般公式可以这样表述:"正如眼睛的观看是被动的,精神的观看是主动的。"①然而,严格说来,被动与主动的这个对立在此会使人误入歧途。笛卡尔只是偶尔地谈到被动性,而且只是对感性的第一步而言,是着眼于感官内部的运作。同样,从另一方面来看,若要标志知性的那些自我引导和自我控制的行动,主动性概念也过于不确定。这种双重不足[16]的原因是同一个,无论

---

① 参见 Cartherine Wilson, "Discourses of Vision in Seventeenth-Century Metaphysics"一文,收入 David Michael Levin 编, *Sites of Vision. The Discoursive Construction of Sight in the History of Philosophy*, Cambridge, Mass.: MIT Press 1997,129。关于下文的讨论,参见 Dennis L. Sepper, *Descartes's Imagination. Proportion, Images, and the Activity of Thinking*, Berkeley: University of California Press 1996,此书详尽研究了这个问题在笛卡尔哲学不同发展阶段中所呈现的差别。

是指对感性来说的被动性概念,或是对知性来说的主动性概念,都是想象力的作用。想象力隶属感性的领域(因为它不能让表象获取再现特质,也无法让图像获取认识的地位),但同时想象力不只是接受性的,不只是一种印象的烙印。① 它不仅像共感那样传递什么,而且它还生产什么,甚至,它*开始*什么,亦即它所开始的什么"完全另类于"那些从外部加在其身的烙印。想象力是*产生的或生产性的*。

所以,若无进一步的界定,对标志知性与想象力之间的区别来说,主动性这个概念并不适用。这*两者*都是施行或产生的媒介(Instanz),即是"主动性"(Aktivität)的领域。因此,当笛卡尔追问,要使认识成为可能,知性与感性必须发生何种关系,在此无关被动性与主动性、接受性和自发性、吸纳和产生的关系;而两种施行模式的关系,也就是笛卡尔所谓的"ingenium"(将"ingenium"译为"认识力"[Erkenntniskraft]是一种

---

① 共通感是一种直接作用的机制,"完全是以同一种方式,就如正在写字的我现在认识到的那样:就在将一个个字母表现于纸上的这一刻,我不仅在运动着鹅毛笔最底端的笔尖,我还知道,如果这个运动没有被整枝鹅毛笔接管,底端的笔尖根本动作不了"(Descartes, *Regeln*, XII. 7[79])。与之相反,想象力或幻想力却能够"在神经中引起[……]许多的运动,它们本身中仿佛根本没有过这些运动的清晰图像,但却为这些运动提供了它们能够跟随的'*全然另样*'的图像;因为整支鹅毛笔不仅像它的底端那样在运动着,甚至就在它上面的这一端,也显然在发生着向'*全然另样*'的、对立方向的前移运动。"(Descartes, *Regeln*, XII. 9[81];引号为本书作者所加。)

误导,因为想象力本身,即借由[17]自身并且从其自身而言,并不是**认识**的力量)。如何明白两者的差别? 从笛卡尔以下的追问可理解这一点:想象力是如何"损害"到知性(那"唯一能使知性有所知的能力"),"让我们看顾于,或能使用之,以带来所有对应用有帮助的来源"。① 若牵涉到物体,知性也需要想象力的协助,亦即物体的观念必须"尽可能清晰地勾勒在想象力之中"。② 为此,想象力必须屈从于知性的陌生且外部的引导。想象力必须被知性所统治,但"统治"(Herrschaft)并不意味着,想象力的自我控管必须以知性的外部控管所取代。这乃因为,想象力的自我控管并不存在。想象力的一切控管都是外部掌控。相反,知性的全部掌控都是自我掌控。这是想象力与知性两种施行模式或产生模式之间的差别:想象力的施行模式是无规则的和任意的,因为如此,它不仅要服从于,同时也**能够**服从于方法论前进式知性的引导。从其自身而言,想象力的生产是无规则且任意的。它没有自己的方向,因而可随意调转方向。③

---

① Descartes, *Regeln*, VIII.6(53).
② Descartes, *Regeln*, XII.11(83—85).
③ 但是,那种完全任意的东西究竟怎样才能被驾驭? 至少,驾驭不能按政治统治的模式去思考(因为后者正是对自我驾驭者的统治)。参见 Georges Canguilhem, "Machine et organisme", 收入 Canguilhem, *La connaissance de la vie*, Paris: Vrin 2006, 146。

病理学的效应

笛卡尔以泰然任之的态度看到,无规则变换之感性印象的游戏(其中审美的不确定性表现出来),留意这些感性印象包含着辅助性甚至治疗性的力量。在一封致伊丽莎白公主的信件中,为了鼓励公主抵制忧郁情绪,保持精神的健康,笛卡尔劝告她说,"向那些人学习吧,他们决意心无旁骛,[18]只凭着观察一丛灌木的清新,一朵花的颜色,一只鸟的飞翔,因为观察这类事物根本不要求任何的聚精会神"。① 然而,对感性之任意性的洞察,却给帕斯卡尔造成了完全相反的效果。在帕斯卡尔的《思想录》中,笛卡尔式的怀疑增强为绝望:"谁想完整地认识人的虚荣[vanité],只需去观察一下爱恋的那些原因与效果。爱恋的原因是一种'我可不知'[je ne sais quoi],②而它的诸种都令人震骇。这种微小到不能认知的不知所以,推动大地、君王、军队乃至整个世界。假如克丽奥佩脱拉女王的鼻子稍短些,整个就都不一

---

① 笛卡尔致伊丽莎白公主信,1645 年 5 月或 6 月,收入 Descartes, *Correspondance*, 册 IV, 220(德译本,页 293)。

② "Souvent je ne sais quoi qu'on ne peut exprimer / Nous surprend, nous emporte et nous force d'aimer." (Pierre Corneille, *Medée*, II. 5.)

样了。"①

那种感性且审美的图像在根据和内涵上都无法确定,但却推动着"整个世界"。至于审美的感性图像,如笛卡尔所说,是没有根据、没有理性的,这并不令其成为一种使人愉悦的游戏,而是赋予这图像——按帕斯卡尔的说法——一种令人深深震撼的威力。

在斯宾诺莎《伦理学》第一部分"论神"的附录中,已经把诸感性图像的这种深不见底的威力,解释为一个转喻过程的效应,解释为意识形态的原始模型:"那事实上是原因的,被看成是作用,反之亦然。"②概念如:"善的、恶的、秩序、混乱、暖的、冷的、美与丑[……]、赞美与指责、罪孽与功劳[……]等等,进一步说来都不是别的,无非是想象的诸模态,想象力通过它们以不同方式得到感受,但它们却被无知的人们当成事

---

① Blaise Pascal, *Pensées*, Léon Brunschvicg 编, Paris: Garnier-Flammarion 1976, 162;德译本: Ewald Wasmuth 译, Heidelberg: Lambert Schneider 1978。参见 Erich Köhler, "Je ne sais quoi 'Ein Kapitel aus der Begriffsgeschichte des Unbegreiflichen", 收入 Köhler, *Esprit und arkadische Freiheit. Aufsätze aus der Welt der Romania*, Frankfurt am Main/Bonn: Athenäum 1966, 230—286。

② Baruch de Spinoza, *Ethica/Die Ethtik*, 收入 *Werke*, Konrad Blumenstock 编, Darmstadt: Wissenschaftliche Buchgesellschaft 1967, 第一部, 附录, 151。对在感性中"颠倒自然秩序"倾向的其他描述, 参见 Descartes, *Meditationen*, Ⅵ. 15(149)。

物的主要属性,因为这些人像我们说过的那样,相信所有事物应该都是为了他们而被制作出来的;而他们称一事物的自然本性是善的或是恶的,是健全的或是腐败的,端赖他们怎样受到这事物的刺激。比如说,如果运动——它是神经系统通过眼睛被象表出的对象而知觉到的活动——被承认是令人愉悦的,那么作为原因的那些对象[19]就被称为美的;而引发相反运动的那些对象则被称为丑的。[……]所有这些都充分表明,每个人都是按其大脑的特质对诸事物作出判断,或者不如说,每个人由于想象力之感受对诸事物都有其偏好。"①

在这里所犯的是一种判断上的错误:想象力所创造的感性诸图像错误地被当作事物本身的特质。犯下这个判断上的错误,因为它不被知性所引导;②判断犯下这个错误,或者又因为知性尚且微弱和未经习练,也可能因为知性正好"倦怠并在休闲";③但无论如何,这是一个在想象力的印象之下犯下的错误。这就显示了想象力的威力:想象力具有取代知性去规定诸判断的那种威力。

那么,至少为了意识形态批判(意识形态批判以驳斥感性判断之逆反为论证基础)的目标,需要一种更复杂的想象

---

① Descartes, I, 53—57.
② Descartes, *Meditationen*, IV.8(103—105).
③ Descartes, *Regeln*, X.5(67).

力概念:至于想象力无规则、任意地产生图像,这虽然能够解释这些"图像"为什么不能是"表达"(Darstellungen),解释为什么想象活动不能是认识活动,为什么想象力所产生的图像能给我们如此深刻的印象,使得我们不运用知性去检查而简单判断事情就是如此(这令帕斯卡尔感到震骇)。仅仅为了能够对这种情况作出描述,就需要一个完全另类的概念和语汇:这种概念要能够符合"图像性的'诸印象'[①]的那种铭刻式的威力('强力')"。想象力必须得到这样的描述,使得其产生的事物通过其被产生的方式获得威力、强力、穿透性和自明性。笛卡尔对想象力与知性各自运作方式的对照,只能解释感性的诸图像并无可靠的根据;而提及想象力[20]的任意、无规则和随意不能解释想象力的强大威力来自哪里。

感性事物的"内部原理"

笛卡尔在他关于审美的讨论中采取了两个对一种哲学

---

① 参见 David Wellbery 有关维兰德(Christoph Martin Wieland)的讨论:"Die Enden des Menschen. Anthropologie und Einbildungskraft im Bildungsroman bei Wieland, Goethe, Novalis",收入 Wellbery, *Seiltänzer des Paradoxalen. Aufsätze zur ästhetischen Wissenschaft*, München/Wien: Hanser 2006, 77。在想象力的"歪曲"那里,存在着其"病理学"(页79)。

美学的纲领极为根本的举措:第一个举措是,将美学的领域构成为"感性事物"的范围。这就可以将迄今已清楚区分之物——例如关于各门艺术的理论(诗学)和关于审美的各种理论(形而上学)——融贯于一种观点。第二个举措在于,将感性事物描述为无根据和无理性(raison)的,因此也是不能被确定的(ce qui ne saurait être déterminé)。因为在感性事物中起作用的是想象力的那种任意、无规则的活动。感性诸表象之产生的自由的无规则性可使我们享受愉悦,或者,我们可以通过我们的知性控制它,把它作为认识的辅助手段使用。但想象力的活动按其本质,即始终与自我主导的"知性行动"相对立。

借助于这两个举措,笛卡尔打破了诗学、修辞学的艺术学说,以及形而上学的审美理论的传统。然而,认为可能在笛卡尔的基础上,重构这些传统的艺术古典主义理念是荒谬的。① 笛卡尔的双重举措已彻底摧毁了对审美及艺术作出一种客观界定的可能,摧毁了一种借助其客观及其再现内涵,作出界定的可能。正是在这点上,笛卡尔的双重举措对一种哲学美学的纲领是具有奠基作用的。首先是这个双重举措才使得一种

---

① 参见 Carsten Zelle, *Die doppelte Ästhetik der Moderne. Revisionen des Schönen von Boileau bis Nietzsche*, Stuttgart/Weimar: Metzler 1995, 25—27。

哲学美学的整个纲领成为可能——不过,这个纲领并未穷尽于跟从笛卡尔的举措。不如说,美学现在正开始努力回答在这里依然开放甚至[21]实际上刚刚提出来的那个问题:应如何将审美的不确定性,即作为想象力的效应,联系它的巨大作用来思考? 因为,只要想象力的活动还仅仅被理解为无规则的,甚至是任意的,这个情况就始终不可理解。

对这个问题的回答,最关键的观点,同时也是使美学运转并维持的那个基本观点,是由莱布尼兹表述的。① 这个观点就是:并非只是具有自我意识和自律的"知性诸行动"有"内部原理",而我们不能意识到的感性诸表象也已经具有"内部原理"。诸感知(Perzeptionen),确切地说,起初和大多数时候是未被意识到的感知,构成了诸单子的"自然变化",而"诸单子的自然变化是从一个**内部的原理**②[产生]出来,

---

① 参见 Robert Sommer, *Grundzüge einer Geschichte der deutschen Psychologie und Aesthetik von Wolff-Baumgarten bis Kant-Schiller*, Hildesheim/New York: Olms 1975, 10—12, 168—170; Alfred Baeumler, *Das Irrationalitätsproblem in der Ästhetik und Logik des 18. Jahrhunderts bis zur Kritik der Urteilskraft*, Darmstadt: Wissenschaftliche Buchgesellschaft 1974, 38—43。至于从莱布尼兹与笛卡尔之间的差异出发来解释美学,可参见 Ernst Cassirer, *Leibniz' System in seinen wissenschaftlichen Grundlagen*, Hildesheim/New York: Olms 1980, 458—472; *Freiheit und Form. Studien zur deutschen Geistesgeschichte*, Darmstadt: Wissenschaftliche Buchgesellschaft 1994, 48—66。

② 在《单子论》的草稿中,紧跟这一段的是这个补充句:"可称之为活动的力量(tätige Kraft / force active)。"

因为没有任何外因可以进入到它们的内部"。① 诸单子的这些"自然变化"在于,一再制造其他感知。这些感知既不是外在地引起,也不是无规则、任意地产生的,相反,在它们那里实现着它们本己的而内在的动能(immanenter Antrieb):"内部原理的这种活动[Tätigkeit/l'action],它引起变化或从一个感知到另一个感知的过渡,可以叫做欲求(appetitus)。诚然,欲求不能每次完全达成其所隐含的感知,但是始终都能达到某些,因而不断地开拓新的诸感知(perceptions nouvelles)。"②

任何的发生(Geschehen)作为内部原理的表现足以让这一发生作为行为而对自己正在做的事情有知识,对做这件事情倒并不是必要条件;因为还存在着这样一种行为。对自己正在进行的行为有所知道并不是这种行为的必然条

---

① Gottfried Wilhelm Leibniz, *Principes de la philosophie ou Monadologie / Die Prinzipien der Philosophie oder die Monadologie*[以下简写 Leibniz, *Monadologie*], §11, 收入 Leibniz, *Philosophische Schriften*, Hans Heinz Holz 编, Darmstadt: Wissenschaftliche Buchgesellschaft 1965, 册 I, 443。帕斯卡尔(Pascal)也已谈到,"微妙精神"(esprit de finesse)是一种"原理"(*Pensées* I)。就接下来的内容可参见 Martin Schneider, "Denken und Handeln der Monade. Leibniz' Begründung der Subjektivität", 收入 *Studia Leibnitiana*, 册 XXX(1998), 卷 1, 68—82。在草稿中,紧跟这一段的是后来被删去的第 12 节:"并且人们可以一般地说,力量无非是变化之原理。"

② Leibniz, *Monadologie*, §15, 445.

件;也存在着一种我们"意识不到"的行为,甚至一种处在"迷醉状态"①中的行为。[22]不同于笛卡尔,莱布尼兹因此能够将感性诸感知的产生说成是灵魂的"**诸内部行动**"②,因为他以彻底不同的方式思考"内部原理"的概念:他并不把内部原理的概念局限于自我的知性官能(这个我借助于自我审查已经把它自己树立为自身的根基,自此已经能够有方法地引导自己),更是包含,他把内部原理也理解为在结构上不被意识到的"诸欲求"和"诸力量"。③ 莱布尼兹由此勾勒的另一幅图景,把每种感性知觉的产生都表达为从一个旧的"感知"到一个新的感知的过渡运动(或译"动感"),这个过渡运动并不是无规则而任意的,反而是被一种内部的动能引导着:"每种当下的表象(Vorstellung)都指向一个新的表象,如同其所表象到的每一种运动都指向另一个运动。然而,灵魂不可能清晰而确定地认识和知觉其整个自然本性,如同那些无数的微感知[petites perceptions](在其中堆积或不如说拥塞)自我

---

① Leibniz, *Monadologie*, § 17,449.
② Leibniz, *Monadologie*, § 17,447.
③ Wilhelm Dilthey,"Die drei Epochen der modernen Ästhetik und ihre heutige Aufgabe",收入 Dilthey, *Gesammelte Schriften*, 册 VI, Leipzig/Berlin: Teubner 1938(第二版),248:"诸表象都是单子式灵魂单位之内的内部行动,它们由此而产生:灵魂是力量,而包含在这种力量中的从一种状态过渡到另一种状态的那些欲求(conatus)已然是渴望,以及意志过程。"

形成:要能做到这一点,灵魂必须完全知道在其中所包含的整个宇宙,亦即作为一个上帝(ein Gott)。"①

莱布尼兹以此表达了哲学美学的纲领:这个纲领要求,构成不确定的感性表象绝不能被思考为是无规则、任意的想象力的效应,也不能因此认为它们是自我意识和自我引导着的"自我"的诸行动的产物,相反,要超出这种非此即彼,将它们理解为对一个运动的表现,而此运动尽管是不被意识到的,但仍然被"内部原理"所引导。美学是对感性的另类思想。在美学这里,事情不仅关系到对感性事物作出另一种评价(美学当然也关切这一点)。美学关系到另类评价,亦即对感性事物的另一种描述:这种关于感性事物的思想能够**连接**感性事物不可化解的不确定性与由内部或被原理所引导的活动。感性事物是彻底不确定的,因为它对表象的产生[23]不能化解为自我意识的、自我控制的而且作为符合方法论的知性操作的行动。与此同时,表象的感性产生既非仅是因果意义上诸作用的一种关联,亦非一种任意、随意的游戏,而是按照一种本己

---

① 参见 Gottfried Wilhelm Leibniz, *Essais de Théodicée sur la bonté de dieu, la liberté de l'homme et l'origine du mal / Die Theodizee von der Güte Gottes, der Freiheit des Menschen und dem Ursprung des Übels*, § 403;收入 Leibniz, *Philosophische Schriften*, 册 II/2, 245—247。莱布尼兹在《单子论》中也提及了此处,可参见 Leibniz, *Monadologie*, § 23, 449。

的、内部的尽管不被意识的原理而运作;因而,感性表象应该得到那威力,帕斯卡尔曾觉得它令人震惊,因为这些感性诸表象不具有对知性来说可以进入的根据。美学纲领的目的就是要在笛卡尔式的选项之外思想感性事物,即避免自我意识的行动与因果性的机械思维,避免自我引导行动与任意投射的对立。以此,美学的纲领指向这些选项本身:假如要在笛卡尔式选项之外思想感性,那么这些选项的两面都必须以另类的方式来思考,即是自我意识与自我引导、知识与行动、机械与无规则、游戏与想象等概念都必须另类思考。

力量与官能

莱布尼兹反笛卡尔主义的要求:将感性诸表象的想象思考为发自一个内部原理的运动,这乃是美学的纲领:美学的尝试在于思考感性事物的内部原理,以此也思考作为活动的感性事物,而同时不会放弃笛卡尔将感性事物界定为不可确定者的观点。但是,即使是莱布尼兹为这一"美学"要求找到的那些表述,本身也已经贯穿着一种内部的张力,这种张力出现在直接与莱布尼兹衔接而产生的一种美学理论构想的展开中,展开为一个永无休止、无法平息且持续至今的争执。莱布尼兹写道,"每一瞬间,在我们身上都有着无限多的缺乏有意识知觉和反省的感知"。① [24]"它们构成那'我所不知者',构成为对某物的品味"②,而莱布尼兹轮番突出了其中的两个面相。其中之一是,我们是借助于那些感知(以笛卡尔的感性理论不能理解的一种方式)去适当地掌握围绕着我们的事物,只不过这种掌握不是在方法上有意识的。其中另一是,这些感知具有一种"作用"或威力,远远强大于知性判断,把我们拉进了交互制造与相互转化着的诸图像的一个无穷无尽、无法回顾的"序列"中。在第一个那里,感性活动的"内部原理"是一种**官能**:它是产生那种既无法确定又十分贴切的感性认识的官能,而且鲍姆加登会这样去定义美学的对象和纲领。在第二个那里,感性活动的"内部原理"是一种**力量**:它是用于继续改造构成我们之诸无意识表象的力量;在批判鲍姆加登的基础上,赫尔德如此重建美学。这个争论使得美学的领域从一开始产生分裂:产生感性表象之内部原理的运动要思考为认知实践的官能或无意识表现的力量? 而这个争论同时就是关于人应如何被

---

① 参见 Gottfried Wilhelm Leibniz, *Nouveaux essais sur l'entendement humain/Neue Abhandlungen über den menschlichen Verstand* [以下简写:Leibniz, *Abhandlungen*], Vorrede, 收入 Leibniz, *Philosophische Schriften*, 册 III, 页 XXI。此处的文本有双重阅读可能,对此可参见 Gilles Deleuze, *Differenz und Wiederholung*, Joseph Vogl 译, München: Fink 1992, 269—271。

② Leibniz, *Abhandlungen*, XXV.

思考的争论。这样的争论,自从美学被发明以来就分裂了哲学。①

---

① 对接下来的思考,下列四项研究提供了重要启发:有关"官能"(Vermögen)的概念,可参见 Andrea Kern, *Quellen des Wissens. Zum Begriff vernünftiger Erkenntnisfähigkeiten*, Frankfurt am Main: Suhrkamp 2006; Matthias Hasse, *Conceptual Capacities*, Diss. Potsdam 2007。有关"力量"(Kraft)与"官能"这两个概念的差异,可参见 Thomas Khurana, *Sinn und Gedächnis. Zeitlichkeit des Sinns und die Figuren ihrer Reflexion*, München: Fink 2007; Dirk Setton, *Unvermögen-Akrasia-Infantia. Zur problematischen Struktur rationaler Vermögen*, Diss. Potsdam 2006。

第二章 实　　践

主体的习练

[25]假如向理性主义哲学询问,在感性的领域中到底发生一些什么? 回答就是,*我可不知*(Je ne sais quoi):感性地表象的人,并不知道他所表象的是什么,而哲学不可能知道感性的表象如何运作,只知道它的运作是无规则和任意的。感性的表象根本是不确定的:诸种界定并没有产生,而感性表象也逃避开哲学的界定。然而,一旦感性领域也被理解为"内部原理"以了解"行动",对感性领域的研究亦是可能的。这正是莱布尼兹的步骤,它打开了所谓美学的研究领域。鲍姆加登在其关于诗歌的论文①　中给出

---

① 参见鲍姆加登(Alexander Gottlieb Baumgarten), *Medita*-（转下页注）

了最初的词义解说，Ästhetik 指的无非是对 aìsthetá[①] 的哲学研究：也就是说，是对它的哲学研究之**可能性**的断定。鲍姆加登这关键性的一步——此举为他带来美学"发明者"[②]的头衔——也就在于如此去理解和实施美学研究的纲领：*感性事物如同其他对象一般，也是哲学探讨的对象之一*。由此可见，对鲍姆加登来说，感性事物完全**如**知性诸行动一样是哲学探讨的对象之一。借由哲学探讨去探究知性要通过哪一[26]路径才能在规范性上有所成功，即达到属于它的"善行"：再现世界。鲍姆加登的美学的基本举措就在于去揭示，即便是感性事物也**能够**哲学地被探索。

（接上页注）*tiones philosophicae de nonnullis ad poema pertinentibus / Philosophische Betrachtungen über einige Bedingungen des Gedichtes*, Heinz Paetzold 编译，Hamburg: Meiner 1983[以下简写：Baumgarten, *Gedicht*]。

① "希腊哲学家和教父们一直以来都在仔细区别*αἰσϑητά*[可感觉之物]与*νοητά*[可思考之物]。[……]也就是说，*νοητά* 是逻辑的对象，其能借助于高上的官能而被认识，*αἰσϑητά* 反而是 *ἐπιστήμη αἰσϑητική*（感觉之认识）或'美学'的对象。"(Baumgarten, *Gedicht*, § CXVI)

② 参见 Georg Friedrich Meier, *Anfangsgründe aller schönen Wissenschaften*, § 2, Halle: Hemmerde ²1754，复印；Hildesheim: Olms 1976，册1，页3。所以，尽管赫尔德（Johann Gottfried Herder）对此提出了不少批评，观点仍旧相同。参见 Johann Gottfried Herder, *Über die neuere deutsche Literatur*[以下简写：Herder, *Über die neuere deutsche Literatur*]，收入 Herder, *Werke*，册1（*Frühe Schriften. 1764—1772*），Ulrich Gaier 编，Frankfurt am Main: Deutscher Klassiker Verlag 1985, 397。

感性的清晰

莱布尼兹在其篇幅不大的文本《关于认识、真理和诸观念的一些考察》中表述了一个想法,这促成了鲍姆加登《美学》概念的萌生。这一想法指出,即使是感性的诸表象,也就是我们假手感性的途径,例如"各种颜色、气味、味道等感知"构成的那些表象,也可以是"清晰的"。① 对比于"幽暗的",莱布尼兹称一个表象是"清晰的","当我这样拥有它时,我能通过它重新认识被表达的事物"。② 当我能够基于这个表象把对象作为这同一个对象认出来,在那种情况下,我对红色的表象或对一张面孔的表象是清晰的。对此,我的颜色表象或面孔表象不必也是"明确的",而一个"明确的概念"是一个"我们有一

---

① 参见 Gottfried Wilhelm Leibniz, „Meditationes de Cognitione, Veritate et Ideeis/Betrachtungen über die Erkenntnis, die Wahrheit und die Ideen[以下简写:Leibniz, "Betrachtungen"], 收入 Leibniz, *Philosophische Schriften*, 册 I, 33—47。这些思考对鲍姆加登所产生的意义,可参见 Ernst Cassirer, *Philosophie der Aufklärung*, Hamburg: Meiner 1998, 458; Ursula Franke, *Kunst als Erkenntnis. Die Rolle der Sinnlichkeit in der Ästhetik des Alexander Gottlieb Baumgarten*, Wiesbaden: Steiner 1972。针对下文的讨论,尤可参见 Jeffrey Barnouw, "The Beginnings of 'Aesthetics' and the Leibnizian Conception of Sensation", 收入 Paul Mattick 编, *Eighteenth-Century Aesthetics and the Reconstruction of Art*, Cambridge: Cambridge University Press 1993, 52—95。

② Leibniz, *Betrachtungen*, 33.

种标志性的定义,亦即列举足够的标志"①的概念。因此,感性诸表象都是由此而界定的,它们无法被定义,因而是"混浊的",但与此同时又必然是"明确的",并不"幽暗的",所以说:"我们虽然足够清晰地认识各种颜色、气味和味道的感觉并把它们彼此区分开,但这种认识是基于诸感官的那些简单见证,绝不是基于能够陈述的那些标志特征。因此,我们没法给盲人解释什么是'红色',而如果我们想向别人说明白这类事情,就得把他们带到所说的事物面前,使他们也能亲身看到、闻到或尝到同一种东西,或者至少使他们记忆起他们从前曾有过的类似表象。尽管如此,可以肯定,关于这些性质的观念是复合的和可被分解的,因为它们都有其各自的原因[causas sua]"。②

[27]因此,我关于什么是红的知识,不能用定义来表达。尽管我能够给出它为何把这种颜色称之为"红"的那些理由(例如,我指向我也称之为"红色"的事物)。清晰的知识是可以透过定义的形式来表达,但不同于在"清晰的"知识领域里,在颜色方面只有已经熟悉颜色的人才能理解这些理由。这种不能借助于定义来表达的熟悉,乃是感性认识

---

① Leibniz, *Betrachtungen*, 35.
② Leibniz, *Betrachtungen*, 33—35.

的基础。

以此,正如莱布尼兹所说的那样,感性诸表象"同时是清晰和混浊的"。① 那种"我不知道是什么的东西",笛卡尔即是通过它将感性事物的领域规定为不确定,因而也是无法确定的领域,被莱布尼兹一分为二:基本上这些感性事实是一种我不知道它是什么,这个我不知道它是什么的感性事实不能用定义来理解,只能用事例来理解,所以在知道我辨认了那些感性事实的内部组成之前,我不得不说这些感性事实是"它是一种我不知道它是什么"。② 尽管关于感性事实的那些观念是这种我不知道它是什么,虽然这些观念是这样子,但同时这些关于感性事实如颜色或面孔的观念足以"认识和分辨这一事物"。③ 我知道某物,尽管我不是很确切地借由定义而确切知道我所知道的。莱布尼兹在知识能力与定义能力之间作出了区分,以此将感性事物的领域设定为一个可以按照知识论去研究的对象,亦即可以成为"美学"的对象。所以,鲍姆加登关于诗的思考以引介"美学"为结尾,而以重新表达的举措为开始。④ 鲍姆加登在这里将莱布尼兹对"幽暗"与"清晰"之间的

---

① Leibniz, *Abhandlungen*, 455.
② 同上。
③ 同上。
④ Baumgarten, *Gedicht*, § CXVI.

区分重新表达如下:"在幽暗的诸表象中并不包含许多有关标记的表象,足以重新认识被表象者,并使之与其他事物区别开来,但在清晰的表象中(借助于定义)却包含着这样的对标记的表象。"①

这种情况使得鲍姆加登此后又说,诸表象的清晰并不依赖于它们的明确,也就是它们的[28]可定义性。即使是感性诸表象也可能是清晰的,而当人们凭借它们能够把某事物作为同一个事物来重新认识,那么作为某事物认识时,它们就都是清晰的。感性的认识与知性的认识共有这种情况,只是因为如此,感性的认识活动才能叫做"认识活动",所以对鲍姆加登来说,感性认识的"总体诸表象""停'留'在明确状态之下";但同时又如同理性的认识,所以是"理性的类同物"(Analogon der Vernunft)。②

感性与理性这种在结构上的类同,涉及到,即使是感性认识,它作为重新认识可理解为一种调节自身的持续。所以,每当我重新认识红色或某张面孔的时候,我都遵循着同一个原则。这个持续的原则决定红色或某一面孔的表象以什么为内

---

① Baumgarten, *Gedicht*, § XIII.
② Alexander Gottlieb Baumgarten, *Aesthetica/Ästhetik*[以下简写:Baumgarten, *Ästhetik*], Dagmar Mirbach 编译, Hamburg: Meiner 2007, § 17;另可参见§§ 1,9。

容。因此,感性认识的每一行动的结构是如此,这一行动必须被理解为一个原则的实现,一种一般性的特殊运用。虽说鲍姆加登也偶尔这样谈起定义——似乎它是一个认识"原则"的理想形态,亦即一般性的一个理想形态——以使得重新认识成为可能,然而,一旦接受任何的认识"必然掺杂了某种混浊"①,同样地但以不同的方式影响到理性认识与感性认识的结构就会变得具有核心意义。凭着这样的洞察——认识活动根本上"必然掺杂了某种混浊":正如理性的、建立在定义之上的认识一样,作为重新认识的感性认识也具有相同的结构,亦即某一个特殊的对象被辨认为是与另一对象相同,因而把特殊的对象辨认为同样一般性的一种案例。一旦感性诸表象顺着这种一般性的产生与运用的节奏,那么感性诸表象就也含有莱布尼兹所谓的"内部原理"。

对感性事物的这种新的、"美学的"考察方式在这里得到了最明确的表述,因为,即使是感性的表象也被视为有能力[29]作出规范性区分。在同时代的品味理论家那里,感性事物成为了一个领域,对其不再只能(和必须)借助于知性从外部作出判断。感性本身更是规范性分辨的能力;对感性来说,分辨正确与错误是内部于感性的:"也就是说,存在着

---

① Baumgarten, *Ästhetik*, § 7.

一种好的或糟的审美品味",一种"完美的审美品味"把握住了某对象的完美,而一种"有缺陷的"审美品味则错失了那种完美。① 此时,感性的确定和判断透过"忽然来的感觉"来把握它的对象,"无需任何讨论":"需在我们开始对感觉进行审查之前,感觉教导我们某物是什么"。② 把握对象并不是感性诸表象的外在成就,其可通过知性的审查被确定和确证;感性的诸表象本身恰恰指向把握对象。这种感性表象本身能够达到的规范性成就,其内容就在于,正确地持续至今的认识,正确地将某事物重新认识为某事物。美学地来看,感性的表象就是那种自发也无需方法的引导,或知性的审查即能认识真理。③

---

① 参见 Jean de la Bruyère, *Les Charactères ou les moeurs de ce siècle*, I. 10, 收入 de la Bruyère, *Oeuvres complètes*, Julien Benda 编, Paris: Gallimard 1951, 67。至于鉴赏概念的历史,可参见 Baeumler, *Das Irrationalitätsproblem*; Fr. Schümmer, "Die Entwicklung des Geschmacksbegriffs in der Philosophie des 17 und 18 Jahrhunderts", 收入 *Archiv für Begriffsgeschichte*, 册 1(1955), 120—141。

② 参见 Abbé Du Bos, *Réflexions critiques sur poësie et peinture*, Paris: Pissot ⁷1770(第一版, 1719 年), 复印 Genf: Slatkine 1967, 册 II, 卷 XXII, 344, 343。

③ 鲍姆加登是在一种引申意义上使用"美学真理"(ästhetische Wahrheit)的概念, 也即在于有序的复杂性中认识某对象的诸规定。对此可参阅下文"个体与规训"章节, 以及 Heinz Paetzoldt, *Ästhetik des deutschen Idealismus. Zur Idee ästhetischer Rationalität bei Baumgarten, Kant, Schelling, Hegel und Schopenhauer*, Wiesbaden: Steiner 1983, 29—41。

习　　练

然而,鲍姆加登所推展的美学,以莱布尼兹《关于认识、真理和诸观念的一些考察》有关感性表象的讨论为思想萌芽。此外,莱布尼兹对如何重新界定感性所提出的证据甚至是自明的考察,这一洞见也是鲍姆加登美学的萌芽。对于感性认识,我们虽然找到各种根据,但没有任何定义,相反,只有些实例。紧接着这一点,莱布尼兹写道:[30]"我们看到,画家和艺术家适当地[probe]认识到哪里做对了和哪里做错了,时常无需能够对他们的判断给出根据;并且他们对提问者说,那些不合他们意的对象缺少了一些他们不知道的东西[nescio quid]。"①

在这里,艺术家的实践对莱布尼兹显得深具意义,因为在这个实践示范地表明,存在着感性的认知和判断,它们能够被称为"适当的",而不必是清晰的和明确的时,这意味着这些认知和判断所使用的那些准则,本身不必被定义。就莱布尼兹来说,艺术家及其实践提供了属于感性之特别能力的实例:这种把握与判断的能力不可能成为有定义的知识,却能导致恰当的结果。简言之,这是一种美学反省,是对艺术和艺术家的

---

① Leibniz, *Betrachtungen*, 35.

实践的一种反省,这是隐微的美学反省,是莱布尼兹针对笛卡尔而提出的基本新洞见(至少导致对这种洞见恰当的自明),即是感性可分析为其自身规范性的施行。对诸艺术的观察,整体上改变了对感性事物的理解。

比起一般流传的看法认为美学关切感性的"提高"或为其地位"平反",上述所论的变化实际上牵涉更广、更基本,同时也更暧昧。前文已表明,不得不(这与笛卡尔不同)把感性表象也理解为"清晰"认识的一种形态,而且也不得不(这也与笛卡尔不同)界定为一种活动的形式:将感性表象理解为一种清晰认识的形态意味着把它理解为来自"内在原理"的施行,也就是一种活动(依据莱布尼兹对此概念的使用)。① 如果美学成功地将感性理解为一种活动的方式,就不得不让近代哲学的核心观念尤其得彻底检验笛卡尔的"我"。美学也是因为能够认真考虑到[31]艺术的经验——即艺术的产生与观察——才能迈出这一新的、奠基性的步骤。

如此,和鲍姆加登美学同时的其他品味理论家们也已强调的观点才成为特别凸显的核心。杜博斯(Abbé Dubos)写道,感性认识建立在一些自然本性上,并"借助于人们对它们的经常使用和经验而得以完善"。② 的确,在杜博斯看

---

① 参见上文"感性事物的'内部原理'"章节。
② 参见 Dubos, *Reflexions critiques*, 369—370。

来,人们"信任感受和习练[pratique],甚至是人类理性成熟和圆善的一个标志";①而与这种信任不同的是紧抓哲学家的方法论措施,即"先建立一般性原则,然后从中得出一系列的结论"。休谟也同样使用直接借自杜博斯的术语写道,我们只能借助于"习练[practice]"达到"品味的细致"。②所以,鲍姆加登以一贯的缜密方式处理了习练,然后在其《美学》的一开始,即按照对感性事物的"类比式"新界定,对"幸福美学家的特征[FELIXIS AESTHETICI]"③作出了研究。因为,展开这种特征不仅要求"(Ⅰ)天生的自然美学[……],整个灵魂对审美思想所具有的那种自然性质[dispositio],人们与生俱来的自然性质",④而且也要求"(Ⅱ)熟练及美学习练[EXERCITATIO AESTHETICA]";⑤"第二节中所谈论的自然本性,即使是短时间的,也不能保持在同一个层面上。所以,当无论是它的天赋还是完熟技能[vel disppositionenes vel habitus]都不通过持续的习练去增

---

① 参见 Dubos, *Reflexions critiques*, 358。
② 参见 David Hume, "Of the Standard of Taste", 收入 Hume, *Essays. Moral, Political, and Literary*, Eugene F. Miller 编, Indianapolis: Liberty Fund 1985, 235, 237。
③ Baumgarten, *Ästhetik*, § 27.
④ Baumgarten, *Ästhetik*, § 28.
⑤ Baumgarten, *Ästhetik*, § 47.

补,那么不论其禀赋可能有多大,这一禀赋都会有所降低并衰退。"①

着眼诸艺术的美学,能够证明,习练、习惯和频繁使用,都属那类**独一无二**的方式,在其中,各种感性的施行得以完善。因此,习练、习惯和频繁使用作为美学的途径,不同于那种表达了理性[32]主义改革计划的抉择:借由理性从外部引导感性活动,或在理性中有方法地推进。正确的习练是对感性实现"统治,而非专制"②的正确方法:借由感性本身,亦即借由美学教化来实现。

然而,在关注各种艺术习练的情况下,美学不仅获得了对完善感性诸施行的唯一适宜方式的洞察,以此还获得了对"专制"的洞察,亦即洞察到了理性主义所宣传的理性驾驭感性的主张所包含的"专制"及相关的不正当和在效率上的缺陷。不如说,感性的诸施行本身只能借助于习练、习惯和频繁使用来完善这点,从而导致了对这种区别于理性的特定方式的洞察,就这种方式而言,感性必须被理解为来自于一个"内部原理"的施行,亦即"活动"(Tätigkeit)。我只**能够**习练我自己所能为的。这确实是习练的目标:能够自己为某事。习练的**必要**

---

① Baumgarten, *Ästhetik*, § 48.
② Baumgarten, *Ästhetik*, § 12.

在于有我所无法随意掌控的事。正是这点使得习练成为必须：为了能为某事，更遑论要把它做好，仅有为此事的意志是不够的，更何况是要完善为之。于是，借由对艺术的美学眼光所获得关于习练意义的洞见，同时也包含此习练自身之状态的新洞察，亦即洞察到感性把握和判断的施行性格（Vollzugscharakter），感性的把握是我的活动而非只是被动的印象或任意的效应，而我对这种活动的落实并非依循"方法"。若要依循一种方法，就必须把活动（在笛卡尔那里是知性的活动）理解为关于这一活动之相关知识的运用，而且这种知识在活动的落实之前，就已独立于活动而存在着：方法则是一种理论的运用。然而，对于笛卡尔，这就意味着，"改造我自己的思想并把它建立在完全属于我的基地上"。[1] 习练显示，感性的把握也是一种活动，但不是**这样的活动**：这种活动并不能理解为运用某种活动者在活动之前所拥有的理论。[33]感性的把握能够被习练，这点表明我在习练中活动，而感性的把握必须习练，这点表明我*如何*在习练中活动：我是在施行一个内部原

---

[1] 对理解这段引文，可参见本书第一章的相关讨论。关于理论和实践的关系在笛卡尔那里的分析，可参见 Georges Canguilhem, "Descartes und die Technik", 收入 Canguilhem, *Wissenschaft, Technik, Leben. Beiträge zur historischen Epistemologie*, Berlin: Merve 2006, 7—15。Canguilhem 认为，由于理论具有优先地位，所以"在笛卡尔哲学中不存在任何创造的理论，这意味着美学[或译感性学]归根到底是不存在的"（页14）。

理,这一原理先行于施行的过程而存在,并引导着施行,而这种感性把握不能脱离施行,也不能表述为一种理论。

灵魂是主体

鲍姆加登在回答"我自己在我的感性施行当中如何活动"的问题时指出,尽管我的活动方式不是跟从某一方法或运用某一理论,但我在此活动中确实是"一个确定的主体";鲍姆加登在他的《形上学》(*Metaphysik*)中关于"下层认识官能"如是说,同时这也是鲍姆加登在《美学》中曾经用过的概念界定。因此,鲍姆加登引入"从康德以来在哲学术语中通行的'主体'概念"[①],以

---

① 在注释鲍姆加登的《形上学》(§ 527)时,Hans Rudolf Schweizer 如此说,可参见 Alexander Gottlieb Baumgarten, *Texte zur Grundlage der Ästhetik*, Hans Rudolf Schweizer 编译,Hamburg: Meiner 1983, 89(下文我将引用的 *Metaphysik*[以下简写: *Metaphysik*]中的"心理学"一章,即按照这一选印本)。Karl Homann 于是认为,"主体性"由此成为"品味[或译:鉴赏]"(Geschmack)的接替概念,见"论直至1802年的'主体性'概念",收入 *Archiv für Begriffsgeschichte*, 册 11(1967), 204—205。有关哲学史的相关语境,可参见 Hartmut Scheible, *Wahrheit und Subjekt. Ästhetik im bürgerlichen Zeitalter*, Reinbek bei Hamburg: Rowohlt 1988, 72—97;另可参见 Arbogast Schmitt, "Die Entgrenzung der Künste durch ihre Ästhetisierung bei Baumgarten",收入 Gert Mattenklott 编, *Ästhetische Erfahrung im Zeichen der Entgrenzung der Künste. Epistemische, ästhetische und religiöse Formen von Erfahrung im Vergleich* (*Zeitschrift für Ästhetik und Allgemeine Kunstwissenschaft*, Sonderheft 2004, Hamburg: Meiner 2004, 55—71。

便借由感性之美学研究的纲领推论出哲学"心理学"相关结果:"只需要较少的力量来实现的事情是容易的;如果需要较大的力量来实现则是困难的。那么,对某一确定的主体[CERTO SUBIECTO]来说,只需要小部分力量(那一主体因为这些力量而是强大的)来实现的事情是容易的;但是对某一确定的主体而言,需要使用较大的、那一实体所能掌控的力量[现在是说那一'主体']来实现某一事情是困难的。"①

自从波伊提乌(Boethius)翻译亚里士多德以来,"主体"的概念在传统文法的意义上而言,是某些特征或谓词的载体②,但对鲍姆加登而言,主体则是拥有或多或少"力量"的"实体",而且能够借由力量的"实现"做或简单或困难的事情。拥有诸力量使得某物成为某人,即成为一个"主体"。正是在这个意义上,感性诸施行也是一种主体的活动:因为我们必须把这些施行理解为[34]实现主体诸力量之处。不过,人们却不可以把此情形误解为心理学意义上的因果关系。一个主体所具有的力量,不是一种特殊的、能解释活动之引发的隐藏理

---

① Baumgarten, *Metaphysik*, § 527.
② 参见 Rudolf Rehn 所撰词条"Subjekt/Prädikat Ⅰ",收入 Joachim Ritter / Karlfried Gründer 编, *Historisches Wörterbuch der Philosophie*, 册 10, Basel: Schwabe 1998,第 433—437 栏;关于前现代的"Subjekt"概念在存在论的、修辞的、政治等方面的意涵,参见 Brigitte Kible 所撰词条"Subjekt Ⅰ",同书,第 373—383 栏。

由。关于"主体"具有"力量"的说法,更是阐明活动的"内在原理",而莱布尼兹也要求如此思考感性的表象。鲍姆加登作为诸力量之媒介(Instanz)的主体概念如何理解这一内部原理,最清楚显现于习练这一美学现象。

各种习练的目的都在于获得能力和技能;通过各种习练,我们获得一种"能够"(ein Können)。习练意味着,练熟(einüben)某事,从而能够自此实行(ausüben)之。在这里,那种在习练中获得的能够是双重的:它是一种施行某物与引领自身的能够;这是一种我们透过习练而获取的实践性的能够。对某事的能够首先意味着,将某一活动方式以它自身对于通达的尺度而能成功的施行。因此,能够"为"某事总是意味着"为善"是能够实现某个活动方式的善(das Gut)。再则,任何行为的"能够施行"要求能够引领自身:将自己身体和精神的运动指向活动方式的善,依据这一活动方式的尺度而修正其偏差。假如像鲍姆加登做的那样,主体的概念是由习练的实践而引出的,那么正是在这里存在着对主体的基本界定:主体性乃是引领自身的实践性自我关系,这种引领自身的场所、意义及尺度就在于"施行某事"之中。作为一个主体(ein Subjekt zu sein)与(在上述双重意义上)"能"某事是同一回事。对此的另一种表达则是,主体性即是权力,即是行动权力或行动能力。作为主体意味着在双重意义上拥有权力:能够实现某个活动方式的"善",因为人们可以与之相应地引领他自己的各种运动。

[35]对美学的主体概念来说,这意味着,把主体基本上理解为是实践性的。对主体来说,最根本的是它能有所为,即它拥有官能或权力:"我的灵魂是力量。"①按照美学的理解,主体是"能者"(Könner),只是因为主体能有所为,而且在能所为的范围之下,主体对某事物才会有知识和意志。原初的自我关系还不是知识的自我关系,而是行为施行中的自我引领;主体性是力量的自我关系,也是与力量的自我关系。"能够(或权力)先行于知识",这是从习练对主体概念之意义可以得出的第一个洞见。同时与之相结合的还有第二个洞见,亦即,能够的优先性不只是优先于知识,也是优先于意志活动:我只能够自愿我所能够,即我只能自愿我的权力、我的官能所能施行之物,以及我有权力和官能引领我自己的方向或过程。("行动"并不是通过我自己的各种意图所造成的那个运动,而是实现自己诸力量的运动。)能够或权力不仅是优先于知识,能够或权力也优先于自由。

如此,"力量"(vis)的说法在概念上获得明确界定(除了"力量"之外,鲍姆加登也使用"能力"[acultas]和"技能"[habi-

---

① Baumgarten, *Metaphysik*, § 505.

tus]等词汇来指明"能够"):"力量"、"能力"或"技能"在鲍姆加登那里都标志上了**主体的官能**。在此脉络下,拥有一种官能意味着,**能够什么**:能够施行什么,能够实现什么。而这有着基本的意义:一种官能之得到界定,端赖它能够产生什么。官能的基本目的论结构就在于此:关系着某种善或善行。官能与官能的施行并非处于一种外部且偶然的关系,而是处于一种内部且有意义的关系。外部偶然的关系就如同驱使一个球滚动起来的力量,它又使自己从这个滚动的球这里,继续传递到所有被球偶然碰到的东西上。施行一种官能就**意味着实现官能所指向的善**。倘若善未能实现,这个官能也不是或[36]只是错误的、有缺陷的被施行。使用官能并非意味着造成任何的什么效果,而是意味着能够实现那一特定的善:使用官能意味着能够让某事有所通达。

官能并不是(因果论的方式)借由其效果而是(目的论的)借由其善处(Güter)被界定的,这也同时指明其基本的一般性:我们所能够的,就是一种活动**方式**。然而,尽管主体在特殊情况下所施行的行动总是个别的行动,但如果我们把这一行动理解为主体实行(Ausübung)官能的行动,那么我们就并非是把这一行动描写为特殊的行动,反而是把它描写为一般行动方式的案例了。主体所能够的一直仅是,且从来已是一般性的:我在一般性中能够以特定的方式活动,若非如此我根本不能活动。正好因为同样的理由,主体之所能,总是具有特殊性:如果我根本上能够以特定的方式活动,这意味着,我能够将这个一般性活动方式在此时此地实现于这个特殊案例之中,并因此以各自的那种特殊方式实现。如果说"力量"在鲍姆加登那里,可被理解为主体的官能,那么一种力量的自身实现则在于一种一般性活动方式的各自特殊实现。并且,如果人们可以把一种一般性活动方式标志为一种"实践",那么主体的官能就在于落实一种实践,或参与一种实践。

由此出发,主体和感性事物领域的美学概念可定义如下:

1. **主体**:如果被理解为官能之力量的实现乃是一种一般性活动方式的特殊实现,那么被理解为官能的力量则是作为主体之内部和属己的一般性活动方式。美学的主体概念并不把主体定义为对立于实践的因素,更不把它定义为先于实践的要素。由于美学把主体借由其被理解为[37]官能的力量来加以界定,美学更是把主体定义为施行实践的要素,亦即一种一般性活动方式的特殊施行。实践并非在一种外部关系的意义上是主体的"所有",而是,因为实践是属于主体的特征,没有这种特征,主体就什么都不是或者不存在。所以,美学的主体也并不是什么"内部"而区别于外部的一般性活动方式或诸实践;鲍姆加登的美学主体在其官能之中则更是现实性,因为是实现一般性活动方式的要素。作为一个主体在于能够实现一种实践。反之,实践仅是存在着,因为诸主体能够实现它:实践只是在特殊的实现中或借由特殊的诸种主体而存在着。主体概念的要旨在于主体与实践、实践与主体的交互界定,而美学着眼于"习练"而发展出这种主体的概念,同时以"官能"的概念支撑这种主体概念。①

2. **感性事物**:如果感性施行作为活动,因为其"内部原理"存在于主体官能之中;而且如果被理解为官能之力量的任何实现始终是一般性活动方式的特殊实现,那么感性事物也应该能够被理解为这种一般性活动方式,亦即在个别的感性施行并且在特殊的情况下被实现的一般活动方式。由此观点,对感性事物的美学探索的主要环节(a. 其清晰性;b. 诸习练的意义;c. 主体的概念)获得其论证及其关联性:a. 如果感性诸表象是重新认识的行动,也因此是延续着一种把握的感性实践,那么感性诸表象就是**清晰的**;b. 感性把握能够也必须得到习练,因为在诸练中,施行实践的官能被获取;c. 感性诸施行都是**主体性的**施行,因为其内部原理都是主体的、被理解为官能的力量。

---

① 伽达默尔(Hans-Georg Gadamer)把前康德的美学解释为对"人文主义的"、甚至是亚里士多德主义核心概念的一种再表述(参见 *Wahrheit und Methode. Grundzüge einer philosophischen Hermeneutik*, Tübingen: Mohr [Siebeck]⁴1975, 7—38),而此时他所忽略的是,"美学"乃属于启蒙。由此,他也忽视了这一点:美学在康德之前需要,而且为何需要"主体"的概念。详见本书下文有关主体概念的讨论。

个体与规训

[38]在哲学美学的形成和意义当中,主体这一美学的基础概念构成争论的核心,亦即争论的焦点在于如何理解现代性,因为现代性的基本特征之一乃是美学的产生。在1936至1945年,海德格尔关于尼采的讲座和札记①中,曾主张美学的现代性与笛卡尔理性主义的现代性并无差异:就海德格尔而言,美学(在尼采哲学中获得最为彻底的表达)就只不过是运用和补充笛卡尔所创立的"近代形上学",而不是另类的可能或"近代形上学"的批判;美学——海德格尔认为,从笛卡尔的理性主义到18世纪的美学乃至尼采的意志概念延续了同样的形上学"基本设定"的统治。② 美学的主体概念则是证据:在近代形上学中,"一切存在和一切真理的确切性奠基在个别之'我'的自我意识上";因为"ego cogito ergo sum(我思故我在)",那支持着"对艺术之审美的觉察[……]现在以一种强调和独有的方式,与人的感情状态(即'$α\mathring{\iota}σ\vartheta\eta\sigma\iota\varsigma$'[aisthesis])连接在一起"。③

---

① 参见 Martin Heidegger, *Nietzsche*, 两册, Pfullingen: Neske 1961[以下简写: *Nietzsche* I 或 II]。
② Heidegger, *Nietzsche* II, 189.
③ Heidegger, *Nietzsche* I, 99.

在美学之中,"艺术作品是作为某'主体'而设定的'客体',此中关键在于主体与客体这一关系"。[①] 因此,美学针对其所研究的感性行动所主张的,跟以理性主义哲学就"知性行动(Handlungen des Verstandes)"所说的是一样的,即"人的'自我(Selbst)'本质上被设置为根据,自我就是在之下者(sub-iectum)"。[②] 若要准确地理解关于哲学美学的现代形成和意义之争论的对象为何,则必须放弃美学主体作为形上学根据仅仅作为笛卡尔式的*自我*之重复的独断解释。美学主体[39]只是其自身感性施行的原则,因为美学主体仅是社会实践的"因素"、要素和代表。

在海德格尔之后或*之外*,关于美学所出现的争论中,两种解释新美学主体概念的解读产生了对立(这是两方面都同意的)。对德国的讨论产生了深刻影响,而且成为一种解读的典范是约阿申·利特尔(Joachim Ritter)的说法,以美学主体为现代的、务实的社会所形成的理性主体的"对手"。[③] 一方面

---

① Heidegger, *Nietzsche* I, 93.

② Heidegger, *Nietzsche* II, 155.

③ 参见"Landschaft. Zur Funktion des Ästhetischen in der modernen Gesellschaft",收入 Ritter, *Subjektivität*, Frankfurt am Main: Suhrkamp 1974, 141—164[以下简写:Ritter, "*Landschaft*"]。在此,我仅限于讨论利特尔立场的主体性理论,因为它对德语的讨论具有范式意义。利特尔将主体性理论与一个更广泛意义上的命题联系起来,即在美学的世界关系中,古老的"theoria"(观察)的基本结构继续存活在现代条件下。

现代主体以务实且非个人形态显现在经济的、科学的、技术的、官僚的及法律的社会制度;另一方面,人在"美学的体现"中,特别是在自然之中,实现为一种"有感觉"的生命体,其所遇到的世界是活生生的而且有意义的。美学的主体发展出"诸器官",这些器官使人的富裕保持活力,如果没有这些器官社会就无法实现或表达这种富裕。① 利特尔在这里针对着左翼和右翼的文化革命者强调说,理性的务实化与美学的生命化恰恰在其逆反状态中是互不可分的:"席勒把美学的艺术了解为精神在社会的沃土上所发展的器官(Organ),而此器官是为了让人类还原并召回被社会排除在外的事物(此排除是为了让世界成为物化的客体而必要的)。天与地是作为属于人在地球上之生活的自然,而天与地在风景的形式中美学地成为自由的内容,但这样自由的存在是以社会及使之成为客体的和被征服的自然之统治权为前提。"②

美学主体属于"个别的人的人格存在",而这一人格存在"与社会存在分离且脱节",③但只是在现代社会**之内**是如此。

---

① Ritter,"*Landschaft*",163.

② Ritter,"*Landschaft*",162.

③ Joachim Ritter,"Subjektivität und industrielle Gesellschaft",收入 Ritter,*Subjektivität*,31.这也是利特尔与阿多诺两人观点的共同处:艺术"借助于它对立于社会的立场而具有社会性",参见 Theodor W. Adorno,*Ästhetische Theorie*,收入 Adorno,*Gesammelte Schriften*,册7,Frankfurt am Main: Suhrkamp 1970,335。

美学事物是社会之社会性分化的一面。

[40]利特尔强调,美学主体在结构上与务实-理性主义的主体"不同",它的不同赖于美学主体如何连接它的对象。利特尔把这种美学的连接描述为将某一对象以其意义的整体活生生地体会某一对象,从而重提鲍姆加登所展开的界定美学性的方式。因为将感性事物界定为不可定义的("混浊的")清晰认识,这仅仅构成了美学的出发点。种种的美学习练都关系到完成感性的这种混浊的清晰性,使之能够把握对象,亦即把握对象在"个体"确定性的"丰富",①以及其"美感的真理"。② 正是因为感性同时是清晰和混浊的,它可以做到理性所不能做到的,③即是将对象把握为"个体"。这样的美学把握所达到的品质,鲍姆加登称之为活跃、活力(vividitas):"我们称那种东西为活跃的,在

---

① Baumgaften, *Ästhetik*, § 440.
② Baumgarten, *Ästhetik*, § 423.
③ Baumgarten, *Ästhetik*, § 560:"由于人类的教育与科学的一般对象是以这种方式产生出来的,与此同时,就在具有科学教养者的心情中生长出一种完美的、经常是审美的,而且也是狭义逻辑意义上的真理。不过,人们不免自问,形而上学的真理能否与那种一般性对应,如同它对应着在这一般性所包含的个体性? 实际上,我的意思是,哲学家们已经高度明了,在表象与逻辑真理中,只能借由大量材质材料完美性的损失,才能达至表象与逻辑真理所隐含的形式完美性。因为,这种去除[abstractio],如果不是一种损失,它又是什么? 同样,人们从一块不规则形状的大理石中要开凿出一支[球形]大理石,取决于相应的材质的损失,而且材质损失的程度是由球形的高尚价值所要求的。"

它那里必然能理解许多的组成成分,它们或同时存在,或前后相继。① 因此,我认为正确的看法乃是,首先有某些想法可以被称为活跃的,在这些想法之中,可遇到自互相[41]冲击的特征而产生的一定特殊变化及同时间那不可预期的快速顺序,而其非一般、开阔的丰富性则自思考的部分光泽和光明从中兴起,但思考的整体性仍然必须是可以掌握且绝对清晰的。"②

活跃的美学表象是一种多元的、变换交替的表象,其多元和变换交替通过类似性法则得到界定,故而引向感性的清晰。③ 从美学主体这方面看,主体相当于其诸官能的共鸣(consensus),④这些官能都是这个美学主体,即 felix aestheticus,在种种美学习练中获得的。根据利特尔解读鲍姆加登的视角来理解美学主体,美学主体只能把握对象的感性个体(无论是否超出一般性概念),因为美学主体在其内部之中一再产生各种印象之间的活跃关联,而且此关联是个体性的、没有被

---

① Baumgarten, *Gedicht*, § CXII.
② Baumgarten, *Ästhetik*, § 619.
③ 活生生的认识在于,"从一种相似、同等、类同并引人注目的方式是自己的事物中[……]有另一种相似、同等、类同并引人注目的方式是自己的事物被认识"(Baumgarten, *Ästhetik*, § 735):鲍姆加登的这种感性学校正了隐喻模型。有关活力的美学构想,参见 Jan Völker, *Ästhetik der Lebendigkeit*, Diss. Potsdam 2008。
④ Baumgarten, *Ästhetik*, § 47.

一般规则给予的。美学主体乃是自由的、活跃的个体,而且是从其自身产生各个特殊对象的真理。

至于美学主体是新的,即根本上不同于理性主义的"我"(Ich),这种针对海德格尔所提出的反驳,也是福柯(Michel Foucault)对美学之相反解释的出发点。福柯间接地展开了这个解释(但却没有提到美学及美学理论的作家们),因为是透过《监视与惩罚》(*Überwachen und Strafen*)所描述的新权力类型(此类型在主权类型之后与启蒙的世纪中形成)。[①] 福柯对规训权力的新类型的描写始终使用同时代所形成的哲学美学概念。规训权力所立足的并产生的身体不再是机械的身体,这种身体"其图像很长一段时间激励着完善规训的梦想,然而,新的客体是自然的身体:它是诸力量的载体和时间绵延的底座"。[②] 个体被构成为[42]"可描述、可分析的对象,但这个对象不会如同自然科学家的生命体那样被分解为'特别的属性',相反,在持续知识的目视下,在其特殊的要素、其独特发展属于其自己的能力及技能下被掌控"。[③]

---

① Michel Foucault, *Surveiller et punir. Naissance de la prison*, Paris: Gallimard 1975; 德译本: Walter Seitter 译, *Überwachen und Strafen. Die Geburt des Gefängnisses*, Frankfurt am Main: Suhrkamp 1977[以下简写: *Überwachen*]。

② Foucault, *Überwachen*, 199.

③ Foucault, *Überwachen*, 245.

在福柯解释规训权力下之身体的核心概念中,自然或有机的个体性、力量与能力、动态学、发展及习练①,这都是在当时所形成的美学概念:美学作为学科,与规训的美学(Die Disziplin der Ästhetik ist die Ästhetik der Disziplin)不可分。

所以,美学这个新的哲学学科,就不能(如同福柯对卡西勒所指出的异议那样)②从自身去理解为"哲学和反省":美学主体之形上学的要害只能从规训权力的微观物理学来理解。而事情表明,美学主体乃是规训的"效应及客体"。规训权力控制着活生生的身体,使之形成其各种能力并把"行为举止(Verhalten)对准一种终极状态"。规训权力控制身体是通过**习练**身体的方式:"习练即是人们据以给身体提出各种任务的那种技术,这些任务本身通过重复、区分和阶层化得到标志。"③就鲍姆加登而言,美学习练就是"相似行动的频繁重复,其目的则是精神与心绪的共鸣,而且是针对现有的主题[⋯⋯]的共鸣(consensus)"。④诸官能与诸表象的这种"活跃的"共鸣是各种矫正的结果,而鲍姆加登也提出与士兵操练⑤

---

① Foucault, *Überwachen*, 201—209.

② Michel Foucault, "Eine Geschichte, die stumm geblieben ist" [über: Ernst Cassirer, *Die Philosophie der Aufklärung*], in: Foucault, *Schriften*, Bd. 1, Frankfurt am Main: Suhrkamp 2001, 703—708.

③ Foucault, *Überwachen*, 207—208.

④ Baumgarten, *Ästhetik*, § 47.

⑤ Baumgarten, *Ästhetik*, § 49.

的比较,然而,这种操练是规训的范式。① 这里表明,习练的成就本质上取决于,人们让它正确地与习练者的发展状态协调一致。人在各种习练中亲身体验到,"一个现有的人[43]的诸力量是否而且到何种程度足以成为一个现有的、美的认识"。② 构成规训的权力就是"从这些无关紧要、微不足道的小事情"——即多元化的各种习练、各种监控、各种检验及各种制裁等——中"诞生了现代人文主义意义上的人",③也就是所有人文学科所探讨的那个人。④ 在习练这里,情况表明,主体化正是规训化,规训化也正是主体化:"在各种规训程序的核心中,习练呈现了主体化的屈从[assujettissement](那作为客体而被知觉的),以及那些被屈从成主体的、客体化的对象化[l'objectivation]。"⑤

规训权力的新意,是让被屈从者成为"主体"的一种屈从,而按照福柯的解读,这种社会权力的新类型,就在新美学理论的主体中表现出来:将主体看成习练而施行力量之媒介的美

---

① Foucault, *Überwachen*, 232.
② Baumgarten, *Ästhetik*, § 61.
③ Foucault, *Überwachen*, 181.
④ Foucault, *Überwachen*, 237.
⑤ Foucault, *Überwachen*, 238.

学学说,并非不是社会规训的"对手"(利特尔语),而同时是社会规训之意识形态的工具。①

※

美学的主体概念反驳了理性主义的"我"概念的洞察:只有在主体是社会实践的一环和参与者,主体可作为诸行动的"内部原理"。反之,这就意味着,诸社会实践的善只存在于主体的施行;诸社会实践的善并没有独立于主体的"客观"生存。美学是启蒙(Aufklärung),因为它澄清了这一点:相关的启蒙意味着,诸实践的善以主体的能力和官能为实在性;若不是如此,主体就没有任何的实在性。也就是说,美学是启蒙,因为它的主体概念去除了善之超越实在性;美学作为对善的主体化是启蒙。[44]

围绕对美学的解释的争论是围绕对启蒙的解释的争论。这个争论恰恰涉及启蒙那一不是理性主义的倾向:在此倾向中,美学摆脱身体与精神、感性与理性的理性主义二元架构,

---

① 参见 Terry Eagleton, *The Ideology of the Aesthetic*, Oxford/Cambridge, Mass.: Blackwell 1990, 13—30。有关鲍姆加登对美学(感性学)、伦理学与政治学的总体关联的详尽研究,参见 Howard Caygill, *The Art of Judgment*, Oxford: Blackwell 1989, 103—188。

"从一开始"就这样去理解主体概念:感性"像"理性,二者都是主体的行动,因为都是内部原理的施行,而且是施行主体的官能。关于解读美学的争论围绕着应如何理解感性的主体化,亦即主体性的感性化。

依据利特尔的解说,美学显示,主体化这个启蒙过程受制于一个深层渗透的二分:在社会各种制度中所需要的务实理性主体与美学的自我关系和社会关系所包含的个人感受主体。活生生个体化之潜力的培养是启蒙主体化的一部分,其构成务实主体化的反向运动。相反,**依据福柯的解释**,美学显示,主体化的启蒙过程以某种总体化的倾向为基础:这是为了让感性屈从于主体化的过程,就如同之前理性主义的思想要求精神的领域要屈从于主体化的过程。启蒙的主体化正是通过把感性包括进来,证明自己是规范化之规训的计划。关于美学的现代生发及意义的争论就来回往复于这两种解说之间。

那么,要把美学的主体化解说为个体化或是规训化;美学是否要理解为一种"减轻"(马库阿德[Odo Marquard])的思想,甚至是一种"解放"(马库色[Herbert Marcuse])的思想或涉及一种感性的"殖民"化(伊果顿[Terry Eagleton]);无论是哪一种解读,都预设了美学思想**确实**是一种主体的思想,预设了美学可归结于启蒙。利特尔所描述的那种活生生的个体,[45]是在多元动态的诸表象中理解其对象的个别真理,而福柯所描述的这一被规训的参与者,借由其力量的习练产生并复制自身——这两者都是同一种意义上的"主体"。它的灵魂在于,官能是特殊地实践社会诸实践的所在。利特尔与福柯只是借助于相互排除,强调了这个美学的主体概念的两个方面:主体的诸官能,一旦获致便能个体地使用;主体的诸官能,首先必须要通过规训被产生出来。然而,美学的思想包含着一个更深刻的挑战,也就是这个问题:个体化与规训化本身应如何联系起来。这样一个挑战涉及首先在美学中所产生的主体概念。鲍姆加登本人已经提到了美学的这个挑战,只不过,他是提到而不是接受,因为他从感性包含不可化解的混浊部分推论出,在**任何**的感性事物当中,"幽暗"发生作用:"如果某人的思想是混浊的,这思想就包含一些幽暗的表象。"① 在灵魂中就有"幽暗的领域"②,此领域无法被照明,因为恰好这一领域的幽暗吊诡地作为清晰的条件:"在灵魂中存在着幽暗的诸表象,它们的总体被称为灵魂[FUNDUS ANIMAE]的根据。"③

根据美学的洞见,灵魂的根据是"幽暗的",美学这样的洞见到底对灵魂即是"主体"的信念能导致何种结果?

---

① Baumgarten, *Metaphysik*, § 510.
② Baumgarten, *Metaphysik*, § 514.
③ Baumgarten, *Metaphysik*, § 511.

第三章　游　　戏

力量的作用

[46]自麦尔以来,鲍姆加登被冠为美学"发明者"的荣誉,因为他使得莱布尼兹的主张,就是将"非意识的感性"思考为具有"内部原理"的"活动",并发展成为完整的理论。鲍姆加登以"感性认识"的新概念为出发点,系统地重新表达辩证法、修辞学和诗学的主要传统资源:"美学[……]是感性认识的科学",而以此身份作为"自由艺术的理论、下层的认识论、审美思想的艺术、以理性为类比的艺术"。① 把美学发展为一种整

---

① Baumgarten, *Ästhetik*, § 1:"美学(自由艺术的理论、下层的认识论、审美思想的艺术、理性类别的艺术)就是感性认识的科学(Wissenschaft der sinnlichen Erkenntnis)。"

体理论成为可能,因为鲍姆加登让莱布尼兹仍然依赖亚里士多德老旧范畴的主张获得全新的表达:鲍姆加登说明莱布尼兹所谓感性活动的"内部原理"为"主体的官能"。鲍姆加登之所以能成为美学发明者,是因为他把感性理解为主体的实践,以致能确保感性事物对认识的要求。

然而,基于相同的理由,赫尔德(Herder)在一篇纪念鲍姆加登的草稿中,将这种美学视为一条绝路:"作者的错误[……],以一种与他整个教学结构太过密切相关的错步形式,编织着整本书。"①[47]对赫尔德来说,鲍姆加登并不是发明了广义的美学,而只是发明了**鲍姆加登式的美学**。② 更好的或是一种"希腊式的美学",③如此才能"名副其实地称为[……]:**美学**,即一种感情学(Lehre des Gefühls)"(相较于鲍姆加登所谓美学,赫尔德所提的美学"更为宽广",同时"更为

---

① 编辑给予这些草稿的篇名是《借由与鲍姆加登的论争建立美学》(Begründung einer Ästhetik in der Auseinandersetzung mit Alexander Gottlieb Baumgarten,以下简写:Herder,"Baumgarten"),收入 Herder, *Werke*,册 1, 662。参见 Hans Adler, *Die Prägnanz des Dunklen. Gnoseologie-Ästhetik-Geschichtsphilosophie bei Johann Gottfried Herder*, Hamburg: Meiner 1990, 63—87。对于赫尔德的幽暗观念,Adler 认为他以形式(作为清晰的范畴)为深层(同时也是更高尚的,即审美的)统一的目标,并借由赫尔德的理论来加以阐明(同上,88—149)。我的解读反而针对赫尔德以幽暗性为力量的理解,所以此处不讨论艺术的理论(另可参阅本书第四章)。

② Herder, „Baumgarten", 692.

③ Herder, „Baumgarten", 693.

简要且全然不同")。① 鲍姆加登的切入方式以认识而非以感情来理解感性事物,他其实并非发明了美学(亦即对美学的正确理解),而是掩盖和遮蔽了美学。赫尔德对鲍姆加登的批评,所要求的②乃是美学的重新开始:据此,美学为感性活动之"内部原理"的思想,但这种"内部原理"(仍然)不是主体的官能。或者说,赫尔德所要求的是,以力量的思想为美学的开始:"这才是美学!"

美学系谱学

根据赫尔德的批评,鲍姆加登《美学》第一节表达出一种双重的错乱,追根究底就是一种根本的混淆。就赫尔德而言,第一种错乱在于"理论"与"艺术",或者说,"哲学探讨"与一种引导或"技能"(Fertigkeit)③之间的关系不清楚:鲍姆加登的美学要包含两者,但两者的关系为何? 第二种错乱在于将美学的对象界定为"感性认识":"如同思想并不是人类的首要因素,美学的开端也不在于审美的认识。人或动物首先感受,即*幽暗地感受自身*,再而*活生生地感受自身*,并幽暗地在自身中感到快乐

---

① Herder, „Baumgarten", 665.
② Herder, „Baumgarten", 694.
③ Herder, „Baumgarten", 659.

与痛苦,再在自身之外清楚地感到快乐与痛苦,而之后才有所认识。应该从此角度探讨美之主体的秩序。然而,(鲍姆加登的美学)是一种错误哲学根源的延伸:认识官能是灵魂的本质,因此美的首要因素必定是一个思想。一旦这样强调就是错的。[48]一旦我为了探究审美而从思想的审美开始,那就充满了双重的错误,因为这样要先遇到思想,才能谈到美。"①

鲍姆加登美学的基本错误在于混淆第一因素与最后因素,前者与后者。他美学的探讨所切入的层面,从后来的运作类型与官能模式切入,而不从首要因素切入。因此,鲍姆加登的美学错以为这些运作方式和官能是"根本"(Wurzel),是"根基"(Grund),但若要正确地理解这些运作与官能,则须把它们看成隐藏在它们之中的其他根基的后果。

赫尔德批评鲍姆加登关于"感性认识"的观点,可借用他在其他地方有关"品味"(Geschmack)的说法来加以阐明:"它〔品味〕并不是根基力量,不是灵魂的一般根基力量,而是将我们的判断习惯性地运用在美的对象上。让我们探寻它的始源(Genesis)。"②

---

① Herder, „Baumgarten", 670.

② Johann Gottfried Herder, *Kritische Wälder. Oder Betrachtungen über die Wissenschaft und Kunst des Schönen. Viertes Wäldchen über Riedels Theorie der schönen Künste* 〔以下简写:Herder, *Wäldchen*〕,收入 Herder, *Werke*, 册 2 (*Schriften zur Ästhetik und Literatur. 1767—1781*), Gunter E. Grimm 编, Frankfurt am Main: Deutscher Klassiker Verlag 1993, 282。

名副其实的"美学"乃在于理解所有的判断和认识方式的"始源"来自"灵魂最为隐幽的根基",包含鲍姆加登设立为开端的那些感性或混浊的方式。只有从事先的根基而不是从这些方式本身,才可清楚地认识这些判断和认识的方式,无论是明确清晰或感性混浊的:"因为灵魂最隐藏的根据有着最强的动力,而能明了的动力又被这些隐藏的动力所推行,于是,要从后者的这个中间物开始到达两极是徒劳无功的;美学家应在此处开始挖掘"。① 赫尔德重新把美学构想为考古学,或者更精确地说,构想为一种探索来源和形成的系谱学。

赫尔德对鲍姆加登式美学所提出一般性的、方法论的意见在于,鲍姆加登延续了"我们这世界的哲人"所犯的旧错,总是从完成状态出发,而忽略此状态的生成,生成流变。[49]为了能知道自己在做什么或能做什么,必须探索自己是如何生成的。就赫尔德看来,此系谱学的方法论转向,乃是他早期所谓"将哲学容纳到人类学"之计划的结果之一。② 人的自我认识并非是对主体存在的认识,而是在于认识到

---

① Herder,"Baumgarten",671.

② Herder,"Wie die Philosophie zum Besten des Volks allgemeiner und nützlicher werden kann",收入 Herder, *Werke*,册 1,132. 参见 Carolina Torra-Mattenklott, *Metaphorologie der Rührung. Ästhetische Theorie und Mechanik im 18. Jahrhundert*,Müchnen: Fink 2002,章 5,301。

人生成为主体的过程。人的人类学自我反省——"人啊！学习认识你自己"①——将瓦解哲学(与文化)的虚假自我形象，即并非从已完成的主体的后续状态切入，反而是要探索主体之养成的场景和过程。

然而，为何系谱学之自我反省的理念能奠基美学的计划？为何人类学只能"作为"美学而实行？此问题的回答隐含在赫尔德将"希腊式美学"界定为"感情学"之中。从主体返回(Rückgang)到人则是返回到"开端"，也应是向"根据"的返回；"这是我们人类学**最必要**的部分，因为我们作为**人**的**强处**在于灵魂的**深层根据**(Grund der Seele)"。② 主体所以能养成的根据或开端，赫尔德也称之为"自然"(Natur)。而且，让主体能"发展"的那一人之"自然"是美学的：是"美学自然"(ästhetische Natur)。③ 这个自然是美学的，因为它(目前还)不是清明的，既不是明确清晰，又不是感性混浊，而是"幽暗"的，它不是认识而是"感情"，④不是实践而是"灵魂的幽暗机制"。⑤ 就赫尔德而言，"美学的"等同于"幽暗的"，因而"名符

---

① Herder, "Baumgarten", 688.
② Herder, "Baumgarten", 665.
③ Herder, "Wäldchen", 282.
④ "所以要放弃认识活动(:)感情构成一种特殊的'类别'"，参见 Herder, "Baumgarten", 671。
⑤ Herder, "Wäldchen", 275.

其实的"美学就是对幽暗的探索(Untersuchung des Dunklen)。[1] 主体的人类系谱学计划[50]只能以美学来执行,因为美学就是关于幽暗之学,而且因为只能透过幽暗来清楚地认识到清明(das Klare),尤其认识到感性认识的清明之处。

以人类学为美学或以美学为人类学之创新做法的核心论证,在于赫尔德主张,灵魂的幽暗机制不仅是主体所以能养成的"开端"和前提,更是主体所以能养成的"根据",因为"永恒的基础在于灵魂之中"。[2] 主体及其官能必须被养成已经是鲍姆加登的洞见。他以习练(Begriff der Übung)的概念表达此洞见。鲍姆加登的另一洞见在于,主体及其官能借由习练而养成并非无前提。鲍姆加登的《美学》表达此洞见的方式,在讨论习练之前,先讨论"天生的自然的美学[angeborene natürliche Ästhetik;拉丁文:AESTHETICA NATURALIS CONNATA](即是自然或出生时被赋予的原始形象和基本要素),也就是整个灵魂生来就有审美思想的自然天性(natürliche Veranlagung)。"[3]自然作为主体官能的前提在鲍姆加登那里,仅是以

---

[1] 参见 Hans Adler,"Fundus Animae-der Grund der Seele. Zur Gnoseologie des Dunklen in der Aufklärung", in *Deutsche Vierteljahrsschrift für Literaturwissenschaft und Geistesgeschichte*,册62(1988),197—220。

[2] Herder,,,Wäldchen",274.

[3] Baumgarten,*Ästhetik*,§ 28.

要'成为'主体官能的自然天性而出现,因而根本不是以自然(Natur)出现。自赫尔德作品中,也有另一种超越鲍姆加登美学的表述:"*自然的美学与人为的美学*(也包含逻辑)*不仅具有程度上的差别,而且有着本质上的差别;前者始终涉及习惯,但后者是科学*(Scientia);*前者仅是借由感受及幽暗的概念而起作用;后者借由语句和清晰概念而教育和说服;因此,人为的美学来自自然的美学;前者必须从人来加以解释,其乃是特殊的和重要的自然现象。所有的人都有美学天性*(aestheticam connatam),*因为所有的人作为感性的动物而出生。*"①

人之"美学的自然"(ästhetische Natur des Menschen)不仅是开端或前提,同时也是灵魂的根据,此说法对赫尔德而言具有两种意涵。[51]第一种意涵在于主张,美学的自然与主体的官能之间的区别,不只是程度上的(graduell)而且是本体上的区别;于是,赫尔德将人之美学的自然借由人的动物性甚至植物性之开端来加以描写。② 第二种意涵在于,

---

① Herder, „Baumgarten", 660.
② Herder, „Wäldchen", 274:"我们采取一种中间地带的大小,回到初始的时代,当时,人刚成为我们这个世界的现象,从只能思想和感受的植物状态发展成为动物的世界。那时几乎没有感受产生,只有自己自我的幽暗观念,如同植物所能感到的幽暗那样;然而,其中包含了整个宇宙的诸概念;从此,人们所有的观念便发展出来,所有的感受从这种植物感(Pflanzengefühl)而萌生,如同在可见的自然中,芽苗承载着大树,如同任何的树叶是整体的图像。"

坚持美学的自然恰好是主体性的根基或基础,尽管从美学自然所发展出来的主体性与此美学自然具有本体上的差别。这就是赫尔德美学系谱学的两面:他既是反驳将人的自然(或译:自然本性)目的论地归结在借由习练而养成的主体性形象中,又反驳将"自然-美学的机制"(第一层)与"主体-认识的践行"(第二层)只理解为表面的层次累积。美学系谱学或系谱学美学意味着要把主体的官能(subjektive Vermögen)思想为,主体的官能从幽暗机制而养成,同时,主体的官能以自己内部的他异性(als ihr Anderes in sich)包涵容纳幽暗机制。

那么,何谓"灵魂的幽暗机制"?

力量作为表现

理解灵魂之幽暗机制的前提在于赫尔德对力量概念的重新界定(灵魂的幽暗机制是根据,是先行于所有借由习练而养成的主体官能的根据)。《关于人之灵魂的认识与感受:感想与梦境》[52]是赫尔德对此主题最为系统的论述(尽管副标题看似不甚相关)。他引入力量的概念来说明莱布尼兹"单子诗"的核心假设(而且,这一假设引导鲍姆加登发展出他有关主体及其官能的概念):"运动(Bewegung)……应该解释为显相的**内部状态**。"①这一内部状态就是力量。然而,赫尔德立即补充与力量或权力(Macht)的关联,并不意味着习惯性的因果论解释:"我并不是说这是一种**解释**;我从来没看到过一种能解释**力量是什么**的哲学,无论力量是在一种还是两种生命体中。"②力量的概念更是与"空间"和"时间"处于同一层次;它是一种直觉(Anschauung)的形式(不是直觉的对象),而哲学的工作,即"**观察、互相分类、解释**[……]始终以此为**前提**"。③ 因此,力量的概念并非指某一事件或某一对象,而是一种"关系"。④

此关系的结构在于"一者对他者的内部产生作用",⑤亦即,一者并非**从外部**对他者产生作用。他者被一者的作用所影响、所产生的方式更是一者转化或接续养成为他者("[……]这是一切生命体能够**接续养成、更新、精化**的秘诀")。⑥ 他者就是一者的他者,**自己**的他者,而一者能在他者

---

① Herder, *Vom Erkennen und Empfinden der menschlichen Seele* [以下简写:Herder, *Erkennen*],收入 Herder, *Werke*,册 4(Schriften zu Philosophie, Literatur, Kunst und Altertum. 1774—1787), Jürgen Brommack / Martin Bollacher 编, Frankfurt am Main: Deutscher Klassikerverlag, 338。

② Herder, *Erkennen*, 337—338.

③ Herder, *Erkennen*, 338.

④ Herder, „Versuch über das Sein", 收入 Herder, *Werke*, 册 1, 15。

⑤ Herder, *Erkennen*, 338.

⑥ Herder, *Erkennen*, 330.

中延续自己,因为他者已经隐含在一者内部。"力量"意味着一者与他者只有在作用中存在,只有从一者过渡到他者、从一者形成他者之时存在。于是,"力量"也意味着一者与他者相互勾连的方式在于,他者只不过是一者的他种形象。一旦赫尔德谈到"表现"(他经常谈到),他指涉这种一者与他者之间的关联。"表现"不意味着内部与外部之间的关系,而是一者与他者的作用。[53]他者就是表现;是一者的表现,而一者就是力量;但这一以他者为表现的力量,同时就是曾经表现为一者的力量。因而,一者不仅是力量或表现,同时也是力量与表现:一者是一种力量的表现而同时这一力量也是他者的表现。只有在表现中有力量,但力量不仅是某一特定的表现;力量在表现之前存在,因而超出任何表现。[1]

---

[1] 关于赫尔德表现概念的结构,参见 Charles Taylor, *Sources of the Self. The Making of the Modern Identity*, Cambridge, Mass.: Harvard University Press 1989, 368—390。然而,泰勒并不是把被表现者理解为力量,而是将其理解为"意义",因为他仅是在因果意义下理解"力量"的,参见 Charles Taylor, „Force et sens", 收入 Gary Brent Madison 编, *Sens et existence. En hommage à Paul Ricœur*, Paris: Seuil 1975, 124—137。此外,Rüdiger Campe 曾经说明了"表现"(Ausdruck)在17、18世纪如何被"均一化",因为同时被看成表达活动及一种意义之意向的表现,参见 Rüdiger Campe, *Affekt und Ausdruck. Zur Umwandlung der literarischen Rede im 17. und 18. Jahrhundert*, Tübingen: Niemeyer 1990, 尤其章 II, 184, 206—207。对此的诊断,赫尔德的"表现主义"采取了歧异的态度:他还将表现回溯到一种行动,但并不是"诠释学地"理解这一行动(Campe, *Affekt und Ausdruck*, 190)。

灵魂的幽暗机制

力量的表现概念在赫尔德的著作中经常出现。① 例如,在《在第一批判森林》("献给莱辛先生的拉奥孔")中,赫尔德使用力量的概念来修正莱辛以事物的系列程序或部分,粗略地定义行动:"序列的概念只是行动观念的一半:**必须借由力量才有序列性**:如此行动才能成为行动。"②然而,对赫尔德来说,行动的概念只是一个案例,并不是借由力量而获得序列程序的范式。行动属于清明的范围,但只能在幽暗的根基上,而不是从其自身能够被理解。幽暗的领域也属于"力量"和"表现"的一般形式。不过,在幽暗的领域中,"借由力量而获得的序列程序"是一种没有意识的序列,一种借由无意识力量所获得的无意识序列。关键点在于,赫尔德主张,幽暗性作为感情与认识属于不同"类别";③因为幽暗性不是有意识的,

---

① 有关赫尔德力量概念的不同面向,参见 Robert Clark,„Herder's Conception of ‚Kraft'",收入 *Publications of the Modern Language Association*,册 57,号 3(1942),737—752。另参见 Ulrike Zeuch,„‚Kraft' als Inbegriff menschlicher Seelentätigkeit in der Anthropologie der Spätaufklärung(Herder und Moritz)",收入 *Jahrbuch der Schillergesellschaft*,册 XLIII(1999),99—122。

② Herder, *Kritische Wälder. Oder Betrachtungen über die Wissenschaft und Kunst des Schönen. Erstes Wäldchen. Herrn Leßings Laokoon gewidmet*,收入 Herder, *Werke*,册 2,196。

③ 参见本书第 59 页注释④。

因此也不是一种认识,因为属于无意识而无法进行规范性的分辨,如同在认识的领域中分辨表象与真理。借由力量所获得的序列构成灵魂的幽暗机制,[54]这种序列由内部原理而接续养成,但这一原理作为接续养成之规范与力量序列的关联是无意识的。

经由上述讨论,主体官能与无意识的幽暗力量之间的"类型"区别初步形成,但为了理解此区别的尖锐,不得不(接续赫尔德,同时又不同于赫尔德)明了灵魂的无意识力量所**不是**:无意识的幽暗的力量不是主体的官能,因为它没有自我意识,因而也不是规范性的。但是,这意味着,无意识的幽暗力量既不是*机械的*,也不是*生物的*。因为幽暗的力量没有法则,也没有目的。接续赫尔德,同时又不同于赫尔德,必须明白这一点,因为赫尔德在《关于人之灵魂的认识与感受》中所提出的一些模式和隐喻指向机械的也指向生物的解释方向,但两者都显得不适合于把握人之灵魂的幽暗机制,两种方式无法维持到底。

(一)人之灵魂的幽暗机制不是机械的。——赫尔德在《关于人之灵魂的认识与感受》中经常提及"机械的"作用关联。不过,他又将对人之灵魂的起源的唯物论解释称为"奇特的机械梦境",[①]而且将原初的、幽暗的感受描写为"机械的或超机械的游戏"。[②] 针对人之灵魂的无意识力量,赫尔德所谓

---

① Herder, *Erkennen*, 336.
② Herder, *Erkennen*, 334.

"机械的"经常意味着莱布尼兹所谓"主动力量"的自动作用机制:主动力量"借由自身的活动而被启动且不需要任何协助,只需要障碍的消除"。① 针对人之灵魂的无意识力量,赫尔德所使用的"机械的"从未意味着这些力量及其作用将能以机械加以解释。机械的解释所描写的是,根据一般法则之力量作用所构成的事件,而此处所使用的力量的机械概念[55],在解释一种物体对另一种物体的作用时,以后者的力量对前者所发挥的作用(等等)来解释。机械地理解,力量是"反应的力量,这种力量,是一种物体仅受到另一种在其身上发挥作用之力量后所产生状态改变的力量";机械地被理解的力量归结于物体与物体之间的作用与反作用之法则(因此在量上是可以被计算)。② 假设力量在机械的意义下是指一种物体在另一种物体之上产生作用的原因,那么,赫尔德力量的表现概念所描写的则是产生形象的作用过程:表现意义下的力量是一种形象

---

① Gottfried Wilhelm Leibniz, „Über die Verbesserung der ersten Philosophie und über den Begriff der Substanz", 收入 Leibniz, *Philosophische Schriften*, 册 1,199。

② 牛顿的力量概念也是如此的,参见 Jean Starobinski, *Aktion und Reaktion. Leben und Abenteuer eines Begriffspaars*, Frankfurt am Main: Suhrkamp 2003, 35—42(上述被引用的说法来自 Richard S. Westfall; 同上, 页 38)。牛顿自己也认为,纯粹机械的力量概念是有所不足的,参见 Alexandre Koyré, *From the Closed World to the Infinite Universe*, Baltimore: Johns Hopkins University Press 1957, 章 9。

从另一种形象产生的内部原理——亦即诸种形象从内在互相交织的"他者化"(Veranderung),而不是物体与物体从外在互相改变(Veränderung)。机械主义的解释使用力量的概念来说明物体与物体之间所发生(而且以一般法则为根据)的外在作用。依据"灵魂的幽暗机制",赫尔德所反对的是"僵化地施压与受压的笨拙机制"的模式①,因为这种模式错过灵魂的幽暗机制的自然性质:灵魂的诸感受是"表现",因为在这些感受中产生形象的力量一直以崭新的和另类的方式而起作用。灵魂的过程拥有内部原理,不能归结于外在法则。

(二)人之灵魂的幽暗机制不是生物的:一旦赫尔德在《关于人之灵魂的认识与感受》中提出对机制的批判,便经常提及生命的概念。灵魂不听从于"笨拙的机制"意指"在一切经验之后,一切充满刺激与生命"。② 赫尔德以一种内在的、"精神的"要素之关联性说明"生命":"扩散与凝聚的机械或超机械游戏的说法无意义或几乎无意义,除非这一游戏的内在与外在原因已经被预设:*刺激*、*生命*。[56]造物者必然接连了一种精神的联机,使得某一些事物与这一感受部分相似,某些事物某些不相似。这一联机并非依赖任何的机械性。"③

---

① Herder, *Erkennen*, 352.
② Herder, *Erkennen*, 352.
③ Herder, *Erkennen*, 334—335.

然而,生命的概念不局限于感受者与感受物之间内部的、"精神的"关联。关于植物与动物的生命,赫尔德指出:"看这一植物吧,看诸种有机纤维的美丽构造! 它的叶子会翻转以吸收让它愉悦露水! [……]假如我们能够完全理解更无限细微和交错的动物体,岂不是在任何的纤维、任何的肌肉、任何的可被刺激的部分,发现同样的力量,以属于它自己的方式寻找生命的滋养?"①此处,针对植物与动物,"生命"不仅意味着一种"超机械的"或"精神的"、内部的关联,更精确地是指一种目的性的关联,生物的力量无论是植物或动物将器官指向他们所属的"官职"。生命概念在内容上的确定,意味着在使用上的方法论断裂。赫尔德首先指出,"生命"只能在其以"人类为类别"的情况下谈论②:于是,自然只存在着生命,因为我们使它"借由我们的感受"[……]而活起来。③ 由此观之,赫尔德

---

① Herder, *Erkennen*, 335.

② Herder, *Erkennen*, 330.

③ Herder, *Erkennen*, 329. Herder, "Wäldchen", 274. 所以,赫尔德关于构成生命体的"精神连接"也表示,"它不能进一步被解释,反而必须被'相信',因为它就'在那里',因为在百千表象中呈现"(Herder, *Erkennen*, 335)。此处,赫尔德赞成康德对于生命体概念之客观使用的怀疑。参见 James L. Larson,"Vital Forces: Regulative Principles or Constitutive Agents? A Strategy in German Physiology, 1786—1802",收入 *Isis*, Vol. 70 (1979), 235—249;针对 Blumenbach 教授,"Über den Bildungstrieb(Nisus formativus) und seinen Einfluß auf die Generation und Reproduktion",收入 *Göttingisches Magazin der Wissenschaften und Litteratur*, Georg Christoph Lichtenberg / Georg(转下页注)

所谓的"生命"本来是心理学的概念,但他却不控制地将其扩大到生物学的使用,在其中,不只是生命概念的位置发生了改变(从心理学——类比到生物学——客观的使用),其内容也发生了改变:从生物学来理解,"生命"是指有机体内在性的、目的性的关联;生物地来理解,生命体的组织是目的性的。[①]然而,从生物的生命概念无法回转到心理学的生命概念[57],亦即无法回到赫尔德为了界定人之灵魂的"超机械过程"的出发点:人之灵魂在其幽暗的根基中,在"生命"的感受中不是有机体。这意味着,人之灵魂的幽暗、无意识力量不是生物的力量。尽管两者——灵魂的无意识力量与有机体的生物力量——与机械力量有差别,因为两者是自我变化或自我运动的内部原理,但生物的力量指向某一有机体之生命形式(Lebensform)的整体目的;它是复制这一生命形式的力量,亦即生物的一般性在个别的情况和案例之中的复制。与此不同,人之灵魂的无意识、幽暗力量不是为了"传宗接代",不是为了营

(接上页注) Forster 编,第 1 期 (1780),章 5,247—266。

[①] Blumenbach,"Über den Bildungstrieb", 249—250:"在所有生物中,无论从人到幼虫,从柏树到骆马都存在着一种特殊的、与生俱来的、一生活动的且运作的冲动,使得这些生物获得特定形象并保存之,而一旦形象被破坏,此冲动(若有可能)要修复之,这种冲动(或趋向或欲求)不管怎么说[……]似乎是所有产生、生养及繁衍的第一原因,而为了避免一切误解,并且与其他自然力量区分开来,我在此称之为养成冲动(Nisus formativus)。"

养,不是为了"复制"而服务,无意识的幽暗力量不牵涉到某一形式,它没有目的。

"灵魂的幽暗机制"被三种否定所规定。1. 灵魂的幽暗力量**不是主体的**(nicht subjektiv):它没有规范性的内涵。2. 灵魂的幽暗力量**不是机械的**:它不屈从于任何外在法则。3. 灵魂的幽暗力量**不是生物的**:它不实现任何有机的目的。在此三种否定中,灵魂的幽暗力量获得规定。此规定乃是将笛卡尔的不确定性主张发展成概念。灵魂的幽暗力量不是如同官能一般使得主体能践行(Praktiken ausführen),因此,它既不是一种控制物体的机械事件所引起作用的[58](机械)力量,也不是一种规定有机体的活生生自然地复制的(生物)力量。构成幽暗力量概念的三重否定具有以下积极意义:人之灵魂的幽暗力量不是主体性的、机械性的,也不是生物性的,而是**美学的**。

赫尔德对哲学人类学的构想涉及一种系谱学的返回,即返回人尚未成为主体的诸种时间与力量。人的这些力量,他称之为"幽暗的",而这些力量对比于借由习练而能够养成的、有意识的、实践性的主体官能。在这方面,这些力量类似于机械的及生物的力量,于是,赫尔德借用了机械学或生物学的隐喻和模式。不过,灵魂的"幽暗力量",在赫尔德那里,并不是机械学或生物学的范畴,因为,借由灵魂的幽暗力量,既不是机械法则发生作用,也不是生物目的有所实现。灵魂的幽暗力量既无法则,也无目的——它是美学的范畴。系谱学的人类学是美学的,因为导致回归到主体之前的状态,但并没有超出"人"(朝向机械物体或活生生有机体的世界),反而导向人的世界:"幽暗的力量"是一种构成人的前主体,甚至反主体的力量。在赫尔德那里,而且自从赫尔德以来,这乃是美学性的基本规定:美学的力量和表现方式不是主体的,反而是,或者说,更是属于人的。

无一般性的统一

如果要以否定的方式来说明幽暗的力量为什么是美学的力量,可指出以下三点:美学的力量不附属于任何的实践规范,同时也[59]不附属于某种机械的法则或生物的目的。规范、法则和目的是一般性的三种基本形式。"幽暗"力量的美学概念与三种力量概念有所不同,而这三种力量的共同点在于力量连接一般性却以三种不同方式来定义。甚者这种力量(或官能)在某一特殊者(特殊的主体、特殊的物体或特殊的有机体)之中,"就是"它与一般性的连接。由于特殊性具有力量,特殊性是一种媒介,是一种实现一般性的媒介:就一个主体而言,拥有官能意味着,能实现构成某种实践的规范;就一个物体而言,拥有机械力量意味着,附属于与其他物体发生相互作用的可计算法则;就一个有机体而言,拥有生物力量意味着,任何的生活方式被其追求的目的所定义。在上述三种案例中,官能或力量指涉一般性在特殊性中的在场。一般性以力量的方式在特殊性中存在着。

与此不同,美学力量的三种否定定义美学力量是一种没有一般性内涵的力量:无规范,无法则,无目的。假如美学的力量不是透过在特殊性中实现一般性,那么它如何发生作用?

根据上文赫尔德引用过的界定,人之灵魂的美学力量以"扩散与凝聚"的游戏[①]发挥作用。赫尔德也说,美学力量的游戏是一种"让我们'吸收、制造和生育'的过程,[②]借此灵魂能够吸收一切而在其内部转化一切"。[③] 尽管借此而产生的"不仅是图像,也是声音、言语、符号和感情",仅(我们)通常将这一汇流的深度称之为"**想象**(Einbildung)"。[④] 美学的力量是想象力,而在赫尔德看来,"想象"意味着**统一**的养成(Ein-

---

① Herder, *Erkennen*, 334.
② Herder, *Erkennen*, 339.
③ Herder, *Erkennen*, 351.
④ Herder, *Erkennen*, 349.

heitsbildung):我们看到"在任何的刺激[60]、任何的感受、任何的感官作用[……]之中,自然确实'合多为一'"。① 就传统的理解而言,想象力养成统一是因为它所产生的图像(Bilder)乃是独立存在要素(所谓感官印象)的串联。如果是这样的话,那么这些印象就必须在人之灵魂想象它们之前已存在着。因此,赫尔德将顺序颠倒过来:"想象"作为美学力量的作用不涉及已产生图像之前存在的印象之连接;"想象"作为美学力量所产生的作用涉及图像借由与其他图像的连接而产生图像。想象借由产生图像的统一而产生图像。赫尔德说:"这里可以继续说明,无论不同感官对思想与感受的贡献多么不同,在我们内部的所有一切都会汇流而成为一。[……]借这一切,灵魂现在编织其衣饰、其感性的宇宙。"②赫尔德对此想法更根本的表达在于将想象了解为"接续养成"(Fortbildung)。③ 任何想象的发生或图像的产生涉及统一的养成,因为是其他图像的转变或接续养成;图像不是由印象而是由图像所创造。了解美学力量的钥匙在于想象的"转变过程"(metamorphotischer Prozeß)。换句话说,图像的产生在于力的作用,而且任何的图像就是力量的表现。假如任何的

---

① Herder, *Erkennen*, 354.
② Herder, *Erkennen*, 340—341.
③ Herder, *Erkennen*, 330.

想象作用是一种接续养成或转变,那么新的图像的产生就只不过是现有产生过程的接续,亦即力量所发生的任何作用就是继续起作用(*Weiterwirken*)。想象之美学力量的作用在于产生一种作为这一力量之表现的图像,而接着让这一图像**继续发生作用**,以便从第一个图像过渡到第二个图像,而第二个同样也是这一力量的表现等等。美学力量的任何作用乃是作用的重复,作用的再次发生。美学力量因为它在发生作用、继续发生作用而有作用:美学力量能发生作用[61]是因为它重复自身,因为它以一种表现(也就是它自己所产生的表现)取代另一种表现。**正因如此**,所有的想象就是统一的养成(ist alle Einbildung Einheitsbildung):因为**同样**的力量一次又一次发生作用。

从两个方面可以看出美学力量的这一自我重复过程不是被任何一般性(任何法则、目的或规范)所调解:首先所呈现的(一)就是美学力量的表现不是互相符合,再者(二)可以发现,美学力量的表现同时遮蔽这个力量。

(一) 美学力量的任何作用是其作用的重复。美学的力量发生作用以产生一种表现,再产生一种表现等等。如果美学力量是其重复的力量,如果重复自身是美学力量"所能",那么它是没有内部终结的。美学的力量并非停留在其任何的表现中,而是超出任何的表现。美学力量是产生表现的力量,同时超出这一表现的力量。借由想象之美学力量的重复,这一力量逾越其任何的表现,而以其他表现取代之:美学力量的表现互相排挤,甚至互相矛盾。机械的、生物的与实践的力量的共同之处在于其任何的作用是同样一般性及同样的法则、同样的目的、同样的规范的特殊实现。因此,机械、生物和实践力量的任何作用都具有同样的有效性:它们竖立在一起,作为同样一般性内涵的例子,相互共鸣。反观美学力量的诸种表现,它们毫无共鸣之处,没有一般性的内涵。在同样力量的作用中,一个图像被另一个图像所取代,在美学力量的作用中生成意味着消逝。

(二) 美学力量是诸种表现无穷无尽的产生[62]与消解。表现无限地转变为其他表现。因此,美学力量的作用在任何单一时刻下都在于逾越它自身所产生的东西。创造新的表现时,美学力量从现有的表现退出。机械的、生物的和实践的力量发生作用以产生一般性的特殊案例:一种被机械法则所规定的事件;一种实现生物目的的运动;一种要求实践"善"的行动。机械、生物或实践力量的作用在其自身总是完成的,与此不同,美学力量则是逆反自身的表现:美学力量朝向另类的表现逾越现有的表现。如同美学力量一般,美学表现因而是逆反的(gegenwendig):一旦力量同时是其表现的圆圈与剩余、根据与无据(Grund und Abgrund),力量的表现,同时是其隐藏;美学力量的表现是一种"拟表现"(Ausdruck als ob)。在机械、生物、实践力量的作用中一种一般性被实现:法则、目的、规范;在美学力量的作用中没有任何实现。美学表现的作用是单纯的游戏:赫尔德称之为"戏剧",一种表现与隐藏之间的游戏。①

总的来说,赫尔德所表达的想法是没有一般性内涵的美学力量,但他只是在《关于人之灵魂的认识与感受》中透过偶尔的指示和无意图的图像,以否定的方式围绕着这一想法,借机械学、生物学和实践的区别来呈现这一对比。呼应这种间接的进路,赫尔德毫无一般性内涵之美学力量的想法,最清楚的表达似乎不是在美学的领域上,而是在历史的领域上进行反驳:"到目前为止,探讨几个世纪之历史进程的人,通常带着一个最喜爱的观念:此进程是向往更多的德行与各个人更多的幸福[……]其他人看到了这个梦想的可悲,他们所看到的是恶行与德行如同气候一般更迭,完美之事如同春天的叶子生成与消灭,人的礼节与喜好如同命运的叶子飞舞和反转:没

---

① 赫尔德使用"游戏"的形象来"分别"诸力量的效应与官能的施行。与此不同,游戏的概念从康德以来,尤其在席勒那里是指此差别本身,亦即力量与官能"之间"的关系,参见 Ruth Sonderegger, *Für eine Ästhetik des Spiels. Hermeneutik*, *Dekonstruktion und der Eigensinn der Kunst*, Frankfurt am Main: Suhrkamp 2000,第二部(此处是针对 Friedrich Schlegel 而言)。

有计划！没有进程！永远的革命，编织与拆解！珀涅罗珀(Penelope)无止境的工作！"①

"上层力量的残障"

在《美学》的第五节至第十二节，鲍姆加登讨论了一系列"反对我们的科学"的意见。第四种反对意见是说，"属于感性事务的内容、想象、童话、激情的混乱等对哲学家而言是不值得讨论的，是哲学家应该小看的"。② 假如这样的意见是转述笛卡尔对感性理论的意见，那么应该是不适当的，因为笛卡尔并非主张感性的领域不够格成为哲学探索的对象；笛卡尔的意见反而在于感性领域不能被探索。不过，鲍姆加登引入了一个概念来反驳此意见，也就是"人"的概念，而此概念能适当明确表示美学与理性主义哲学之间的差异："哲学家也是人类的一分子，因此他不要主张，碰触人类认识活动的大部分是不应该的。"③笛卡尔假设的感性领域由于其不确定性而不能哲

---

① Herder, *Auch eine Philosophie der Geschichte zur Bildung der Menschheit*, 收入 Herder, *Werke*, 册 4, 40; Adorno, *Ästhetische Theorie*, 278: "荷马关于珀涅罗珀的故事描写她于夜晚拆解白日的编织，这乃是有关艺术但艺术却无意识的譬喻：艺术的诡计在自己作品上所施行的，实际上施行在自身。"
② Baumgarten, *Ästhetik*, § 6.
③ 同上。

学地被认识,而此观点则是笛卡尔拒绝"人"之概念的直接后果:必然跟随"我是,我存在着"之观点的问题,也就是"我现在必然所是的我是谁"的问题,这不可能以我是一个人来回答。因为这必须包含我的身体、我的生命以及我的感性,但我却对此无法有安全的知识,因此我也不能清晰地把自己称谓是一个人。① 鲍姆加登为美学所提出的辩护恰好相反,因为提醒哲学家他就是一个人:鲍姆加登为了进行感性领域的("美学的")探索事业做辩护的方式在于强调人之概念就是哲学自我认识的基本概念。

赫尔德对鲍姆加登美学的意见指出,鲍姆加登自己没有真正了解这一假设所导致的后果,因为我们"做人的长处"在于"我们灵魂的*根据*"②,而"我们灵魂的根据"的构成是幽暗的而不只是混浊的诸种力量,是"感情"而不是认识,也就是无规范、无法则、无目的的表现游戏。在赫尔德看来,鲍姆加登美学的"错误"在于将人设想为主体。美学的思想意味着思考人,但美学地去思考人意味着思考人与主体的差异。赫尔德有关灵魂

---

① Descartes, *Meditationen*, II. 5, 45:"我曾经相信我是什么?应该是人吧。但什么是'一个人'?我是否应该说:一个理性的、活生生的生命体?不是。因为我接着就必须追问,什么是'活生生的生命体',以及'什么是理性的',而如此我就从一个问题陷入许多的且更困难的问题。此时,我也没有很多时间,不愿意在讨论这类鸡毛蒜皮[subtilitates]的问题上浪费我的时间。"

② 参见上文"美学系谱学"章节的相关讨论。

之幽暗机制的探讨对进行上述计划具有引导性的作用。因为允许思考人与主体的差异,但同时避免二元论。自然与精神之间的近代二元论要求,将在人之中所有不属于主体的部分构想为自然,亦即在近代自然科学的意义下构想自然,而此构想方式首先以机械性的意义为主,从十八世纪以来,则是以生物的意义为主。赫尔德幽暗力量的概念所指的批判性假设在于,人并不是主体或不完全是主体,因为他在机械的或生物的意义下属于自然。人的自然更是人的自然本性,是美学意义上的自然,是诸种透过表现的游戏而发挥作用的力量。

"人"不是或不完全是主体,因为其美学自然的幽暗力量不是如同主体的实践官能在特殊案例中实现一般性的形式。因为人具有美学的自然,它是落后的——是"上层力量的残障"。[1]

---

[1] Herder, *Ideen zur Philosophie der Geschichte der Menschheit*, 收入 Herder, *Werke*, 册 6, 143。Helmuth Plessner 在 *Lachen und Weinen. Eine Untersuchung der Grenzen menschlichen Verhaltens* (收入 Plessner, *Gesammelte Schriften*, Frankfurt am Main: Suhrkamp 1982, 384) 最后引用了这一段。此处, Plessner 提出了联合美学与人类学的纲领。同时,他反对某种对美学的理解,亦即反对"美学的领域被美与丑的主导性角色之偏见"所规定,另一方面又反对"人之行为的学说",因为此学说"处在古典哲学的阴影之下,而从规范性的学科获得其主要发展方向"。有关 Plessner, 参阅以下的重构: Hans-Peter Krüger, *Zwischen Lachen und Weinen*, 册 1 (Das Spektrum menschlicher Phänomene), Berlin: Akademie 1999。针对下文的讨论另可参考 Gerhard Gamm, *Flucht aus der Kategorie. Die Positivierung des Unbestimmten als Ausgang aus der Moderne*, Frankfurt am Main: Suhrkamp 1994, 73—99, 212—234。

然而,正是因为人永远不能完完全全成为主体,他才有成为主体的可能。**一方面**,因为人之美学自然是幽暗力量,他不能(如同亚里士多德所指出)被理解为人培养出主体官能的本性(Anlage)甚至是宿命。作为表现游戏的幽暗力量不是主体的或实践的,反而主体的实践官能只能借由社会化的习练而养成,并且这些习练从外部切断力量的游戏:主体的"诞生"在于陌生者往"人"的内部破门而入。① **另一方面**,恰好因为人之美学的自然是幽暗力量,其也不能在机械或生物的意义上被理解为主体官能漠然对立的他者,主体官能就是透过习练的养成而突破力量的游戏。幽暗力量在其表现游戏之中使得人不断地面临不确定性[66],此不确定性让人从所有法则或目的解放中出来,使得培养实践官能(即主体性)成为可能。构成人之美学的自然的幽暗力量之表现游戏乃使得借由习练而培养实践官能成为可能,但同时,一旦实践官能开始施行,便会对峙力量的游戏。

因为赫尔德从美学的自然去思想人的概念,他不仅思想的是人与主体的差异、幽暗力量与实践官能的差异,更是人之

---

① Herder, *Erkennen*, 358: "这个学说,这个烙印在我们身上之陌生者的意义赋予我们的思想其整体的形象和方向。无论任何视觉、听觉及由外而内的流入,如果没有事先的引导为我们而思考,并且好像烙印现有的思想格式在我们身上,我们都将会如同在深夜与盲目中摸索而前进。"

中的差异,去思想人当作差异,亦即去思想人之美学的自然,同时作为主体的开端与无据——"我们混合人类[Zwittermenschheit]两种最极致的想法"。①

---

① Herder, "Versuch über das Sein", 11. 根据 Adler(*Die Prägnanz des Dunklen*, 54)的理解,这里意味着,"赫尔德在此严肃地考虑'全人'的观点"。

第四章　美学化

实践的转变

[67]人的自然本性(Natur des Menschen)是美学的,因为人的自然本性,人之灵魂的根据在于幽暗力量的游戏——这就是赫尔德美学人类学的基本观点。但赫尔德是如何得知的?幽暗力量在本体上是无意识的(幽暗力量之所以为"幽暗"),如同实践官能本体上是自觉有意识的:实践官能包含关于其规范内涵的知识,包含其所实现之实践的一般性。于是,关于实践官能的知识是一种反省知识(Reflexionswissen):我们对我们的实践官能有所知,因为我们拥有它们;而且,关于官能的显著知识(也包含哲学知识)只是表达了官能中所隐含的实践知识。然而,人之灵魂的幽暗机制并非如此。美学人

类学在内容上不仅相对立于主体性哲学(他不是从主体出发来思考人,而是从人出发来思考主体),他对自己也肯定有不同的理解:美学人类学不可能是我们实现自我意识的表达,因为在向人之美学自然的系谱学返回之中,这一人类学超出了主体及其自我理解的视域。

某些段落中,赫尔德试图解决这一问题的方式在于认为有关"幽暗感受、力量和刺激的无据的人类学知识涉及一种心理学,即一种在每一步骤都是被规定的生理学"的心理学。①然而,从生理的角度来看,人之灵魂的幽暗机制变为了[68]过去的阶段,甚至变为了一种隐藏的层面,而我们只能借由外在的认识来进入。② 但有一点与这样的理解产生矛盾,也就是灵魂的幽暗机制不仅是透过习练和教学(亦即"被印刻在我们身上的陌生意义")③在他的作用中被曲折,而且还能够超出来自外在的破入而在我们内部有所接续:灵魂的幽暗机制发生"首要、全面的印象",并且"永远不会自我消逝"。④ "美学的自然"(ästhetische Natur)在人之中(亦即在主体性底下深

---

① Herder, *Erkennen*, 340.
② 然而,赫尔德将这种心理——生理认识的材料——描写如下:"生命的描绘以及医生和友人;此外,只有诗人的预言才能提供给我们真正灵魂学说的材料",参见 Herder, *Erkennen*, 340。
③ Herder, *Erkennen*, 358.
④ Herder, *Über die neuere deutsche Literatur*, 388—389.

处)并不是被遮蔽的层面,更不是早被放弃的原始阶段,"美学自然"反而继续存在着,而且在主体之中以切断的和改变的方式表现出来。我们之所以知道人的原初美学自然,是因为它不断地自我表示,而其表示在主体的实践官能之上或逆反于实践官能而产生。

关于如何得知人之美学自然之问题的回答,只有在美学性不仅是"自然",不仅是原初的状态或"文化"的他者的情况下才成为可能。假如美学性是可知的,那么它更应该是一种幽暗的机制,它介入实践主体性的文化,但同时不成为文化的一部分或线索。① 人之美学力量是**显现的**;它显现为理性主体及其实践的切断。我们对我们的美学自然有所知,因为我们曾经经历了美学力量之显现的美学事件经验。

从灵感到活化

美学事件,是人的美学自然破入人的实践、人的主体性之时刻。倘若人的美学自然构成主体性的"开始"(既是根据,又是无据),美学事件乃是一种退化的动作,因为在其中这一开始[69]逆

---

① 此处赫尔德的思想具有双重意义:他有关"母语"的构想意味着对个体的"主人和财产权"之无条件尊重(Herder, *Über die neuere deutsche Literatur*, 388),但如此他同时又将减弱人之幽暗机制及其主体性之间的陌生性。

反于借由习练而养成的主体性而自我确立:从借由习练所形成的主体性反其道而行,回到幽暗力量的游戏,并且主体性借由习练而形成的这个过程,即是来自这种游戏,又逆返于这种游戏。

柏拉图(或柏拉图所表述的)关于诗人灵感的理论对了解美学性意味着,从主体性坠落提供有图像力的模式:"事实上,所有优秀的史诗诗人不是以技艺发言,而是因为他们处于有灵感和着魔的状态中,才能发出那些令人敬佩的诗句。那些优秀的抒情诗人就如同投入狂舞的人们一样没有理性。他们创作出那些审美诗歌时,自己没有理性意识。一旦他们满怀和谐与韵律,就会像酒神附体那样有灵感,如同酒神能从河水中汲取乳和蜜,但他们自己有意识时却不能如此。所以,抒情诗人的灵魂必须起作用,他们自己也是这样说的。诗人们会告诉我们,他们给我们带来的诗歌是他们飞到缪斯的溪谷和花园里,从流蜜的源泉中采来的,采集诗歌就像蜜蜂采蜜,而他们如同蜜蜂一般在空中飞舞。他们如此说是真的,因为诗人是轻飘的生命,他是长着翅膀的,是神圣的。只有在理性不再居住于他们后,亦即在有灵感和无意识的激励下,他们才能创作诗歌。"[1]

---

[1] Platon, *Ion* 533e—534a, Friedrich Schleiermacher 译, 收入 Platon, *Sämtliche Werke*, Karlheinz Hülser 编, Frankfurt am Main/Leipzig 1991, 册 I, 23—59,参见 *Apologie*, 22b—c, 收入 Platon, *Sämtliche Werke*, 197—261。译注:柏拉图的引文依据德译本转译。

伽达默尔总结柏拉图的看法指出,写诗"是神圣的疯狂和着魔",因而"确实……不是一种为了自身及自身的真理能检验自身和自身真理的知识或能力"。[1] 写诗并不是一种实践的施行或一种行动;其根据不是实践的知识,不是能力;写诗因而不是实践的作品,不是善事,这就是柏拉图所提出的一系列意见。写诗之际,实践主体性便崩溃了。

美学与这一柏拉图式写诗热诚的模式的共同处在于幽暗力量的无意识游戏与理性主体之有意识实践之间的对立。尽管美学直接连续柏拉图(如同在天才理论中),但美学不仅不是柏拉图主义,也不是被反转的柏拉图主义[70],即不只是在同样的描写之下反转价值判断(因为柏拉图吸收写诗灵感理论显然是以诗人的批判为目的,因为作为一个被灵感所冲击的人,没有体会真理的能力)。的确,美学也涉及幽暗力量的游戏对理性主体的实践破门而入,但美学理解幽暗力量与主体实践的关系与热诚的模式具有关键的差别。就柏拉图而言,诗人不是因为自己的知识和能力,不是"借由艺术"而说话,这意味着诗人被"神圣的力量"所推动;"诗人只不过是诸神的发言人"。[2] 诗人"有灵感"意味着一种外在的、陌生的、

---

[1] Hans-Georg Gadamer, „Plato und die Dichter", 收入 Gadamer, *Gesammelte Werke*, Tübingen: Mohr 1993, 册 5, 1898。

[2] Platon, *Ion*, 534e.

高尚的力量借由他来发言;有灵感的诗人是"彼岸的通话"(Telephon des Jenseits)。① 与此不同,美学描写美学性对主体破门而入作为主体自己的幽暗力量的作用。在赫尔德美学人类学中,学习②(以及主体借由学习而"诞生")具有非常根本的意义,他推论,幽暗力量的游戏与主体的实践能力在其差异之中相互关联;主体的实践官能借由断裂而从幽暗的力量形成。于是,在诗人之中,幽暗力量在逆反自己实践官能的情况下而被引发,不仅意味着幽暗力量是实践官能的他者,更意味着实践官能的开始。假使柏拉图将诗人的灵感理解为神圣侵入主体,那么美学将美学事物理解为主体就会重新掉回到一种状态,也就是主体借由习练而养成的过程既是顺着又是逆反于这一状态。

上述观点容纳在美学"退化"的概念,这意味着美学事件迫使主体倒退回美学自然。同时,美学在此处要面对的问题是,美学退化究竟如何发生且借由什么而发生。[71]柏拉图所转述的诗人灵感理论并非提出自己因果关系的问题,因为

---

① 这是尼采关于叔本华而不是关于柏拉图的话,参见 Nietzsche, *Zur Genealogie der Moral*, III, 5; 收入 Nietzsche, *Kritische Studienausgabe*, hrsg. von Giorgio Colli/ Mazzino Montinari, München / Berlin / New York: Deutscher Taschenbuchverlag / de gruyter 1988, 册 5, 346。

② Herder, *Über die neuere deutsche Literatur*, 394: "关键在于以下的差别;语言是我们学的或是为我们而发明的。"

实践主体性在诗人疯狂之中的崩溃乃是"借着神圣力量"的灵感;灵感的原因与灵感的内含是统一的。美学反而需要美学作用的理论,亦即把像美学自然的美学退化解释为美学情境的作用。①

主体向自己幽暗力量之游戏的美学退化是如何引起的?赫尔德对鲍姆加登式美学提出批判的主要证人苏泽尔(Johann Georg Sulzer)的回答是:借由"能量的传达",苏泽尔在注脚中说明这一词汇的使用如下:"因为缺乏其他词汇,我被逼迫使用这个词,要表示的是某种突出的、不仅属于言说的,而且更属于所有与品味相关的事物的力量。罗马诗人贺拉斯(Horaz)所谓火药的精神,贯穿事物和语言的强大力量(acer spiritus et vis in verbis et rebus)。"②美学的"能量"(Energie)是一种"力量"(Kraft),借此"属于品味"的事物,对人产生作用。除此之外,品味的事物也能因为另外两种品质而对人产生作用:借由其"完美"或借由其"审美"。此外,不同的是,品味之物的"能量"的作用**方式**:"我们在某一事物所知觉到的完美敦促我们思考相关的事,我们所知觉的审美触动我们的观看或

---

① 关于"美学事物"在这里所显示的分裂,可参阅下文有关"美学生成"的讨论。

② Sulzer, „Energie", 122.

观赏,而能量反而产生运动。"① 某一事物的能量(无论是言说、事件或声音)在于动到我们的灵魂。

此观点涉及传统修辞学,正因如此,铎克宏(Klaus Dockhorn)指出,"现代美学大体上从解释修辞学文本的练习,亦即是从内长的形成史中发展而来"。② 不过,重要的是,苏泽尔如何[72]将运动能量(即 pathos)的修辞学形象借由力量的美学人类学而改写。苏泽尔引入"感动"的德文词 Bewegung 来表达英文的 emotion。苏泽尔似乎要说,美学力量对感情(而不是对思想)产生作用,如同他使用"刺激"(Reiz)和"感触"(Rührung)这类词语意有所指。参照康德的批判性表述,此观点可理解为,"一种感受作为美学判断的材质"变为美学作用"规定的根据"。③ 于是,康德对美学性的理解倾向于认为,品

---

① Sulzer, "Energie", 124.

② Klaus Dockhorn, "Die Rhetorik als Quelle des romantischen Irrationalismus in der Literatur und Geistesgeschichte", 收入 Dockhorn, *Macht und Wirkung der Rhetorik. Vier Aufsätze zur Ideengeschichte der Vormoderne*, Bad Homburg, u. a.: Gehlen 1968, 94。

③ Immanuel Kant, *Kritik der Urteilskraft*[以下简写: *KdU*], §14, B43; 收入 Kant, *Werke*, Wilhelm Weischedel 编, Darmstadt: Wissenschaftliche Buchgesellschaft 1983, 册 V。另可参阅 Konrad Paul Liessmann 在 *Reiz und Rührung. Über ästhetische Empfindungen*, Wien: Facultas 2004, 37—40 所指出的相反意见,以及 Alenka Zupancic, "Real-Spiel", 收入 Felix Ensslin 编, *Spieltrieb. Was bringt die Klassik auf die Bühne*, Berlin: Theater der Zeit 2006, 209—210。

味之物在我们身上所引起的"感动",来自我们对这些事物的特质,进行感情或感受的衡量:美学感动乃是感觉的强烈反应,而我们对对象的特质具有强烈的(亦即感受性、无反省性的)一种衡量。苏泽尔对美学感动的理解,显然不是如同康德所批评的将美学感动理解为一种感受性衡量的机制,而是主张美学的"能量"同样可以针对"灵魂的下层力量",还可以针对"观看或表象事物的方式,亦即针对灵魂的上层力量产生作用"[①]。这意味着,灵魂的所有"力量",而不仅是我们的感受,可以借由言语、对象或声音的能量开始"动起来";灵魂的所有"力量",无论是上层力量或下层力量,无论是感情或表象或思想,都可能借由美学的能量传达而成为 emotion,亦即开始动起来。

为做到美学事物之观察,根本的洞见在于,除了人之初期的自然本性之规定外,更是质问自然本性在美学事件中如何显现。除此之外,"美学"(依据赫尔德所规定的意义)涉及一种作用,一种力量的游戏,而且这一游戏也可称之为"幽暗",因为这些力量并非实现任何的一般性。然而,以美学的方式存在,现在不仅[73]可以被理解为某一初期阶段的特质,亦即人之中的基础层面;更是意味着,借由美学事件,幽暗力量的游戏破入理性主体性的实践。如此,美学事件成为一种退化

---

① Sulzer, „Energie", 135.

的事件;但这种退化不仅导向幽暗力量的游戏,还会伴随主体的实践官能(an den praktischen Vermögen des Subjekts)而发生。开始"动起来"成为 emotion 乃是一种样态的规定;是对"力量"的施行方式的规定,而且假如能量的供应足够,那么在人之灵魂的所有领域中,无论是苏泽尔所谓上层或下层力量,或以我们的术语来表达,在其幽暗力量及其实践官能之中,这些力量都可开始运作。换言之,在美学退化之中,在幽暗力量的游戏之中,主体并非[73]简单地返回到其初期状态。主体的美学退化(ästhetische Regression des Subjekts)更为彻底:它并不是为了幽暗的、游玩力量的状态而放弃借由习练来养成实践官能,而是更想让借由习练所养成的实践官能自己开始"动起来",成为幽暗力量的游戏。因此,向幽暗力量之游戏的美学退化乃实践官能的美学转化。这一美学转化将实践官能转变为幽暗的、游玩的力量。

上述重要洞见也在苏泽尔的范畴中表达出来。赫尔德反对鲍姆加登美学的构想基于重新理解鲍姆加登幽暗概念而展开,与此不同,苏泽尔接续鲍姆加登有关"活生性的隐喻"(Metaphorik des Lebhaften),但他将之使用在提出一种突破鲍姆加登感性认识理论(其连接活生性与清晰度[①])之上。对

---

① 参阅本书"个体与规训"的相关讨论。

苏泽尔而言,"活生性"意味着充满能量之言语、对象、声音的特质,[①]尤其作为借由这一能量而感动之灵魂的样态:借由美学能量的作用,"灵魂可回复其全部的活生性;本来仅是受喜爱之物[74],现在开始引起感触、引起感动"。[②] 灵魂的美学转化是主体退化到美学自然之中,因而灵魂的美学转化是实践官能的"活化"转变,乃至实践官能成为幽暗力量而开始游玩。

感觉自己

根据苏泽尔关于美学性之"能量"的讨论所能提出的第一步骤涉及以下的论证:"美学"不仅涉及人的初期自然本性,更是伴随着主体而在美学事件中呈现;而"这一美学显现"(dieses ästhetische Erscheinen)可理解为主体的退化,并且美学退化又可理解为主体之实践官能的转化或"活化"。第二个步骤在于,更明确地说明"退化作为美学转化的机制"(Mechanis-

---

[①] Johann Georg Sulzer, Art. "Kraft", 收入 Sulzer, *Allgemeine Theorie der schönen Künste*, 第三部, Leipzig: Weidemann ²1793, 复印 Hildesheim: Olms 1994, 65:"诸审美艺术极为重要的理由在于,它使得我们的灵魂力量借由善与恶的活生生描写让之处于非常积极的效应中,而这些艺术最重要的力量就在其中。"

[②] Sulzer, "Energie", 128.

mus der ästhetische Transformation-als-Regression)。苏泽尔对这一步骤的思考,也是从感动和触动灵魂的美学作用来贴近。他指出:"如果要正确认识('感动')的原因,那么将会想起幸福的片刻,其中灵魂投入温柔的分散,在毫无强迫或努力的情况下,产生一系列让人快乐的念头。灵魂感觉不到自己的繁忙,如同一条默默流着的溪水;灵魂整个注意力集中在这一变换中的图画,并因这一图画所引起的一系列表象而忘我。通常这种状态不会长久,任何微不足道的原因都将破坏舒服的幻觉。此时此刻,灵魂的眼睛离开画面,将注意力集中在自己的状态,集中在自己此时此刻的生存方式。这一变化便随着或强或弱的*震撼*,而此震撼产生感动。"[1]

这些描写显然是在回应埃德蒙·伯克(Edmund Burke)审美与崇高的区分[75],但苏泽尔已经不认为这两者涉及两种美学性类型的对比,而是更过程性地去理解两者,亦即"从观赏或静观(也就是审美的'冥想'[contemplation][2])的状态过渡到感动的状态"。[3] 苏泽尔对伯克的借用不仅涉及美学作用的两种面向的区分或过程性的连接及"审美的观

---

[1] Sulzer, "Energie", 124—125.
[2] Sulzer, "Energie", 124.
[3] Sulzer, "Energie", 128.

赏"与被崇高所引起的"感动",更是涉及伯克解释,在崇高的领域中,人为何在恐惧面前会产生快感的方式。伯克跟着亚里士多德所讨论的悲剧吊诡指出,这一快感所指的问题在于,"如何可能从某一事物获得任何类型的快感(delight),但同时这一事物又明显地属于快感的对立面"。① 这一问题的解决,伯克初步描绘如下:"恐惧是一种激情,如果它与我们不太接近,那么它就总是会引起快感[……]。在任何自然本性导致某种积极的目标(active purpose)的时候,都会触动我们的激情经验为快乐或某一种快感,无论是何种事物。"② 伯克所谓灵魂的 animation,苏泽尔以灵魂之力量的"活生性"(Lebhaftigkeit)重新表达。苏泽尔尤其注意伯克所描写的条件:尽管面对恐惧,灵魂力量的感动仍会引起快感在于恐惧不得太靠近我们。灵魂必须反转注意力的方向,它的注意力必须脱离对象,而"针对自己,自己的状态,自己在此时此刻的生存方式"。③ 对崇高之吊诡快感的条件,在于一种自我反省的动作。

---

① Edmund Burke, *A Philosophical Enquiry into the Origin of our Ideas of the Sublime and Beautiful*, Adam Phillips 编, Oxford/ New York: Oxford University Press 1990,122。
② Burke, *Enquiry*, 42.
③ Sulzer, "Energie", 125.

摩西·孟德尔颂在《叙事诗或论感受书信补篇》中的相关说明是最清楚明确的。[1] 孟德尔颂的出发点,解释恐惧所引起的乐趣[76],此问题被更加尖锐地表达。孟德尔颂以响应笛卡尔的方式认为此问题的困难,一方面来自"所有舒服的感受是来自某一事物被视为完美",[2]但同时崇高的恐惧事物本身就不是完美的或善良的。走出这一两难的出路(笛卡尔也已经提出过相似的观点[3])在于,崇高的快感并不是(如同表面的理解所认为的那样)某一事物所引起的快感:"显然,如同意志一般,快感都以一种真实的或假象的善为基础;不过,这一善不需要一再地在我们之外的事物或在原始图像(Urbild)去寻找。尽管是事物的缺陷和不足,但以表象或思维构想的

---

[1] Moses Mendelssohn, „Rhapsodie oder Zusätze zu den Briefen über die Empfindungen", 收入 Mendelssohn, *Ästhetische Schriften in Auswahl*, Otto F. Best 编, Darmstadt: Wissenschaftliche Buchgesellschaft 1974, 127—165。关于孟德尔颂此文的论证、历史背景及意义, 参见 Carsten Zelle, *Angenehmes Grauen. Literaturhistorische Beiträge zur Ästhetik des Schrecklichen im achtzehnten Jahrhundert*, Hamburg: Meiner 1987, 章 IV。

[2] Moses Mendelssohn, „Von dem Vergnügen", 收入 Mendelssohn, *Ästhetische Schriften*, 111。快乐来自"人们认为自己拥有一种善", 参见 René Descartes, *Die Leidenschaften der Seele*, Klaus Hammacher 编, Hamburg: Meiner 1996, 条目 93, 145。

[3] 与"善的享受"有所区别的是一种"纯粹的智性乐趣[……]这个乐趣只是由于灵魂自己的活动而产生,这可称之为一种舒服的感动,其在灵魂自身之中且借由灵魂自身而引发"(Descartes, *Die Leidenschaften der Seele*, 条目 91, 143)。

规定都可能是善良和舒服。"①"思维的构想"(意味着所谓事物的缺陷和不足的"表象"本身可能是舒服的)在于孟德尔颂德语化鲍姆加登的说法,一种"本质"(Substanz),而这一本质乃是那些表象的"主体"(Subjekt):一旦我们将恐惧或恐惧的事物看成我们的激情,看成我们灵魂的"感动和感触",那么它便是舒服的。在恐惧者所引起的乐趣中,我们获得"距离"②,我们将"区别与我们自身及我们与事物的关系",或者反过来说,我们区别"客体的部分与主体的部分"。③ 在恐惧所引起的乐趣中,灵魂反身的转回自身,而针对它自身的状态,而非针对被经验的客体。在此过程中,灵魂发现它由于被事物的恐惧性所刺激而处在被激发的状态中。[77]而这一发现伴随快感的感情,因为如同笛卡尔对快感的规定所要求的一般,它包含着与善有关的完美判断。然而,完美者不在于被经验之物,而在于有所经验之人:完美者只不过是灵魂的状态别无它者,仅是在于灵魂的运动本身。孟德尔颂跟着杜博斯(Jean-Baptiste Dubos)的洞见认为,灵魂"仅是向往被动起来,尽管他被不舒服的表象所动"。④ 这一向往的满足,或者说,灵魂

---

① Mendelssohn, *Rhapsodie*, 133.
② Burke, *Enquiry*, 36.
③ Mendelssohn, *Rhapsodie*, 134, 132—133.
④ Mendelssohn, *Rhapsodie*, 133.

对感动的追求——无论此感动是如何产生的(恐惧事物的表达特别容易引起这种感动)——引起了我们这些对象的乐趣。

孟德尔颂质问,应如何理解自我反省的形象,才可能说明我们的快感为何伴随着恐惧?回答是说,这种自我反省的形象是美学的。否定地来说,尽管自我反省不得误解为哲学的自我反省,尽管美学的自我反省看似与哲学的自我反省(philosophische Selbstreflexion)相似,因而经常与"先验"反省的哲学相比较。但是,美学的自我反省不应该与哲学的自我反省混为一谈。① 两者具有根本的差别。哲学自我反省所追问的是通达实践的可能性条件。这种实践的结构在于一般性的实现,亦即在特殊性、在此时此刻的特殊案例之中实现实践的一般形式。哲学的自我反省涉及人之官能的探索。官能也可以被经验而不只是被认识,而且人之官能的经验可以牵涉快感。哲学地来理解,这意味着,在哲学自我反省的观念中,关于自身的快感是伴随着实践官能的快感,而实践官能便构成人的

---

① "从共同的观点,世界显现为被给予的。从先验的视角,世界显现如同我们创作了它。而从美学的观点,它为我们显现如同被给予的,如同我们自己创作它那样,或如同我们将可能创作它那样。"(Johann Gottlieb Fichte, *Wissenschaftslehre nova methodo*[Kollegsnachschrift];引用在 Wolfram Hogrebe,,, Fichte und Schiller. Eine Skizze",收入 Jürgen Bolten 编辑, *Schillers Briefe über die ästhetische Erziehung*, Frankfurt am Main:Suhrkamp 1984,285。)有关康德界定美学与哲学反思的关系,参见本书第五章"从完美性到自我确立"章节的相关内容。

主体性:此快感关乎官能是否能行善的良善(Lust am Guten des Vermögens zum Guten)。

然而,恐惧性经验——即伯克所谓"terror"——恰好让我们的官能在此失效:让我们不能够行动。但同时[78]我们经验到快感。这种快感不可能是针对我们的官能或我们行动能力的快感。同时,也不是我们的无能或我们行动的不能所引起的快感,因为这种无能为力只是引起我们的不快,即失败的不快。我们经验到恐惧所引起的快感时,我们所处的状态,既不是一种官能的状态,也不是无能的状态,既不是行动能力,也不是行动的无能;这种状态是另一种状态,也就是一种避开实践选择题(通达或失败、官能或不能)的状态。这一另类状态,人之灵魂是借由另一种自我关系的模式而在其自身觉察到的。

如同哲学的自我反省一般,在这种自我关系之中,注意力是针对某一物,也就是我们通常与事物发生一种认识的或意志(或观看)的关系时,"似乎忘记"[①]的那一对象;在这里,这一自我关系是反省性的。这是因为我们的注意力是针对我们自身,是针对我们的官能。但此处我们并不是把官能当作官能来看待;在美学的自我关系之中,我们也不是把我们看成主体。假如我们这样做,那么当我们面对恐惧性时,我们茫然的

---

① Sulzer,„Energie",125.

不能就只能以不快经验到。现在,美学的自我关系所针对的官能是超出能力或不能、通达或失败的实践选择题。美学的自我关系进行一种"抽象化"①:这种自我关系所针对的灵魂之官能是*超脱*官能的作用和良善;是针对纯粹的官能本身而忽视官能的实际目的和规范内涵。官能超脱构成其实践目的和规范内涵的良善,美学的自我反省并非简单发现,而是美学自我反省自己所产生的;官能超脱其自身的良善只是因为透过美学的自我反省:美学的自我反省不仅是区别主体部分与客体部分的动作(Akt),也是区别官能与良善或实践的动作。然而,主体的官能[79]只能在这样的关联性之中存在;一种没有规范内涵和实践目的的官能不是官能。因此,借由美学的自我反省,官能的同一性、主体的位置便随之分解,所留下来的是人之美学自然、幽暗力量的游戏。

※

孟德尔颂和苏泽尔把美学事物描写为事件,即美学作用在人之灵魂上所发生的事件。两者所强调的面向有所不同:

---

① 这就是伽达默尔(对他而言具有批评意味)的说法,参见 Gadamer, *Wahrheit und Methode*, 84—96。

孟德尔颂在其恐惧所引起的快感的分析中描写自我反省的机制,借此主体官能脱离其实践的脉络;苏泽尔借由"感动"、"感触"、"活化"、"触活化"等概念描写实践官能如何转变(退化)为幽暗力量。美学自我反省在实践官能上进行消极的介入,而其积极的相应介入涉及实践官能借由美学转化而成为游戏的、幽暗的力量。

然而,"活化"和"自我反省"的概念(两者是连接的)不仅把在人之灵魂上的美学作用描写为事件,更是将此事件描写为人之灵魂之内的过程,亦即描写为一种实践官能透过其自我反省而转化为幽暗的、游戏的力量。这就是美学的过程,即是实践性自我反省的转化过程。被官能所实现的实践关联性是一种将特殊案例归类在一般形式之中的关联性。一旦官能逆反到自身,一旦官能被分隔而只能被经验为特殊性的重复形成,那么此关联性就被改变了。借此实践的关联性成为美学的:实践的关联性成为力量的系列表现[80],力量就是在一种被加强、被活化的感动中超出和发展其所有表现的。

美学生成

在"活化"与"自我反省"的命题下,孟德尔颂和苏泽尔的探讨引入美学事物的规定,而这一规定至今对何谓美学都具有奠基性的意义。与上述对于美学事物在内容方面的规定同样根本的乃是对于美学事物之本体论（被称为"美学"之物的存在方式）的新理解，此新理解借由孟德尔颂和苏泽尔将美学事物描写为过程而获得。就赫尔德而言，"美学的"就是人之灵魂的一种状态，人之灵魂的一种作用模式。他借由幽暗与清明、感受与认识的类型学对比来规定这一状态。赫尔德将此类型学的对比时间性地动态化（借由幽暗与清明的关系作为断裂与发展的双重描写），但因为总是把美学的状态思考为原初的，所以对他来说，这一过程性一直是外在的：幽暗、游戏力量的美学（自然）状态曾经是存在的。在孟德尔颂和苏泽尔那里，此情形发生了根本的改变，因为他们尽管如同赫尔德一般（同时他们都反对鲍姆加登的统合）都坚持美学事物与实践性在结构上的对立，但出发点不是原初的美学事物，而是当下的实践性。由此看来，美学事物不是一种状态而是一种事件，并且美学事件是一过程。然而，作为过程的事件是一种始终处在发生之过程中的事件。假设美学事物在于实践性地自我反省的转化之事件，美学事物也只有在此转变的施行中存在着；美学事物只有在施行中获得当下的存在。美学事物不是状态性的存在，而是一种生成；[81]美学事物仅是在非美学事物的美学化中存在着。

对非美学事物或者说实践性而言，其能够被美学化意味着什么？美学化(即实践性经由其自我反省而转化)不是一种外在的操作。美学化的过程更是显示,实践性处在朝向美学事物的过渡之中:构成实践的任何关连性,能够成为美学的,前提条件在于此关联性要反省自己,从而被推动、被活化。再问:为什么是如此？就实践性而言,其能够被美学化究竟意味着什么？实践性能够成为美学的,因为它曾经是美学的。

实践性、主体及其官能曾经从美学事物、从幽暗力量的作用而产生,但这一产生确实是相当模棱两可、内部逆反(gegenwendig)的过程。一方面,美学力量的不确定性(美学力量的不确定性构成其力量的性质并使之与机械的和生物的力量有所分别)①是官能可借由习练而培养的可能性条件;正因如此,人不是固定的,而是能成为别的,生成为"主体"。另一方面,实践性的规范性秩序必须逆反于美学力量的作用模式,而且必须从外部强势地被确立;主体化的原始场景在于刻印某种陌生意义。两个面向加起来使得实践性的形成成为美学事物的变换过程。实践的主体能形成,因为他既是连接本来在其内部发生作用的美学力量,又是压抑这些力量的作用。实践官能曾经是逆反于自身的美学力量。而且,只有因为实践官能曾经是美学的,他们才可以成为美学的:从实践性到美学

---

① 参见本书第三章"灵魂的幽暗机制"章节。

事物的过渡是可能的,因为这一过渡是实践性朝向美学事物的返道而行。实践性的美学转化因为是自我反省的,或者说,恰好因为是自我反省的[82],所以是一种退化的动作(Akt der Regression),即回返到实践官能曾经所是,而且在其深处继续存在的状态。

假如实践性(经由自我反省而发生)的美学转化必须被理解为美学退化,美学事物的过程性理解也需要美学状态的概念。尽管美学事物不是状态,或者说,没有任何的当下让它当作状态而存在;美学事物的当下就是实践性的美学化过程。同时,美学化的过程指向一种过去的幽暗、游戏力量的过去状态,实践官能既是顺着又是逆着这一状态而开始;如果没有这一状态的过去("双重意义下的过去":早期的当下及其现在的过去),美学化的过程就是不可能的。如果赫尔德(而我至此为止都跟随着赫尔德)提及这一游戏力量的初期幽暗状态是"美学的",其中的意义可理解如下:这一状态是美学的,因而某种程度,它美学地再现实化。曾经存在着一种美学的**状态**,亦即发生作用之幽暗力量的状态,或者说,实践官能经由习练而培养之前的状态,实际上,**美学的**状态仍未存在,或者说,此状态仍未是美学的。于是,美学事物并不是幽暗状态,不是人之灵魂的初期自然状态,但美学事物或实践性的美学化只是以幽暗的再现实化而存在。实践性成为美学的,因而同时也是实践性之他者,即是幽暗的美学化。美学事物所意味的美学化是一种双重的美学化,即同时是实践性与幽暗性的美学化。

观望:美学理论

[83]美学化的过程关乎对象借由社会实践而被规定的过程,而同时,美学化的过程瓦解规定的社会实践。这种美学瓦解的机制在于那些主体施行规定之实践的官能得以自我反省。然而,美学的自我反省与(哲学的)自我认识不同,它不是主体的行动,不是一种主体能确认自己"反省性"的行动,因为美学的自我反省让主体官能转化为幽暗、游戏的那些力量不属于主体。不过,这些力量却是**某人**的力量,这不意味着这些力量如同官能一般,可以有意识地,并且有目的性地被主体使用,而是意味着,我会把这些力量的开展,经验为我自己的开展,因为此开展改变了我、"活化了"我。在美学化的过程中发生自我转变:从主体作为社会实践的参与者及施行者到自我作为幽暗、游戏力量的场域(Instanz)。①

美学仅是在乎自我,在乎自我的经验和转变,这样的意见

---

① 美学事物的"伦理政治"意涵隐含在这种自我转变之中,参见本书第六章。

(几乎)与美学同时出现。黑格尔和齐克果如此反驳浪漫主义,海德格尔和伽达默尔如此批评美学事物在唯美主义(Ästhetizismus)中被改写和激进化:对此批判而言,在理论上和实践上关注美学事物,只不过是自我迷恋的表现,或涉及对实践的抛弃(实践总是社会性的),同时也涉及对诸物体的封闭(物体只有在规定的社会实践中被给予)。对美学事物的批判认为,它只在乎对人之"内部"状态的经验和享受。美学是一种话语,而一种实践呼应着这一话语,就是"主体化":这种向人类状态的回溯,向人类本身对存在着和对自身的关系方式的回溯,其实就意味着,现在,[84]人类本身的自由态度,人类感受和感觉事物的方式,简言之,人类的"品味",成为针对存在着的法庭。从形而上学来说,这就显示在,一切存在和一切真理的确信被建立在个体之我的自我意识基础之上: ego cogito ergo sum(我思故我在)。[……]我本身和我的状态乃是第一性的和本真的存在者;其他一切可能被认为存在着的,都是以这个如此确定的存在者为尺度来衡量的。我的状态,我与某物共在时所感受自己的方式,基本上一同决定着我如何面对事物,以及一切所遇之物。现在,对艺术之美的觉察,明显地,甚至是唯一地,被置入与人类感情状态(即希腊文 *αἴσθησις*[aísthēsis])的关系之中。①

---

① Martin Heidegger, *Nietzsche*, I, 81—82.

上述批评为何错过美学及美学事物概念甚为明显:它错过范畴性的差异,因而错过官能与力量之间的双重过程(既是反省[Reflexion],又是退化[Regression])。批评乃预设,实践的美学化是一种主体性的行动,或者说,一种主体关系到自身的行动;也就是说,主体所施行的并在其中确认自身的行动。将美学看成"主体化"(美、艺术、文化的主体化)来加以批判,从黑格尔到伽达默尔,恰好错过自从赫尔德批评鲍姆加登以来所出现的美学定义:以力量的名义问题化主体。

还有一种对美学的意见认为,它将美学事物(也就是美学化的过程)完完全全地理解为*自我*经验之彻底转变的媒介,因而对此自我经验来说,"世界〔仅是〕'自我美学化的'契机和机会"。① 此意见对鲍姆加登的美学无效,因为其将了解美学事物为一种认识的形式,认为美学也能规定性地关联到物体。然而,经由赫尔德对"鲍姆加登式"美学的批判,美学事物确实失去了其规定性的物体关系。正因如此,美学事物是否变成

---

① Carl Schmitt, *Politische Romantik*, Berlin: Duncker & Humblot ³1968, 23.关于此批判的后设批判,参见 Karl Heinz Bohrer, *Die Kritik der Romantik*, Frankfurt am Main: Suhrkamp 1989,284—311.有关美学对象的问题,参见 Andrea Kern, *Schöne Lust. Eine Theorie der ästhetischen Erfahrung nach Kant*, Frankfurt am Main: Suhrkamp 2000,117—127。

无对象,一种与经验对象毫无关系而发生的幽暗力量之自我反省、活化的游戏?

到目前为止,我们所讨论的力量美学立场[85],一旦要试着说明美学化的过程如何连接到对象,便陷入一种尴尬。苏泽尔模糊地提及,对象是破坏美学自我反省之过程所引起的"舒服幻觉"的"理由";① 更且,孟德尔颂只是消极地讨论美学表象的对象,其"客体(观)性"必须"被弱化,必须放在有距离的地方,或必须被周围的概念所吻合化和幽暗化"②,以便能够达到美学自我反省和关于自身的快感。康德在讨论力量美学为何出现对象的消解时,他认为,为了在表象的美学施行中"活化"官能,关键在于"我让此表象在我自身中成为什么,而不是我依赖对象生存状态的所在"。③ 理由很清楚:客体在其可重新被认识的规定中,不包含任何的发生作用于美学化过程的因素,因为这一规定只有在那一重新认识的实践中被获得,而美学化的过程恰好瓦解这种重新认识。同时(而这就是尴尬的地方),瓦解规定性的客体关系不仅意味着对象的缺席或无对象的状态,同样地,实践主体的美学瓦解也并非意味着无自我状态。在规定化

---

① Sulzer, "Energie", 124.
② Mendelssohn, "Rhapsodie", 133.
③ Kant, *KdU*, § 2, B 6.

的实践的美学化中,主体与客体这两个因素同时被转化。尽管规定化的实践的美学化不可能是由客体的某一些特质所产生,规定化的实践的美学化只借由某一对象"现有表象的发生"而运动。① 作为主体官能转化(即是退化)为幽暗、游戏力量之际,客体可以被重新认识的规定同时也转化为**另一种关系**。对美学的自我转变而言,世界不只是"契机[86]和机会"(施密特[Carl Schmitt]),因为使一自我转变只有在美学地经验到被转变之客体之时才有可能。

于是,幽暗的美学所面临的任务在于将力量的游戏思考为**表达**(Darstellung):作为某一对象(被经验的表达)。在老旧的表达概念框架中(鲍姆加登的美学也还是以此为基础),这便是不可能,因为表达与认识被绑在一起:在鲍姆加登那里,"表达"涉及表象因素的关联,而此关联表现出某一客体既没有被定义(因而是"混浊"),又是"清明",也就是可以被重新认识的表象;诸种表达具有可以被规定的认识内涵。然而,幽暗的美学消解了这种表达概念的基础,因为力量的美学游戏瓦解了重新认识之规定的实践。因此,在幽暗美学之中,"表达"与"认识"必须被区分:美学的表达必须被理解为无认识的表达,或者说,无特定对象的表达。

---

① Kant, *KdU*, § 9, B 31.

由此观之,看似自我矛盾之处(即是"美学表达"概念的矛盾涉及"美学的"也就是力量的游戏与作为某一对象之经验的"表达"之间的矛盾)便构成与鲍姆加登认识美学发生断裂之后而称之为"美学理论"的核心。① 因此,"美学理论"的基本问题在于,美学的力量游戏为何,而且如何蜕变为某一对象的表达? 此外,在此蜕变中,对象如何显现? 或以另一种方式来提问,在美学的力量游戏中显现在我们面前的对象为何? 上述问题触及两个超出美学人类学角度的领域(正因如此,这两个领域在此只是简单提及)。一个领域是审美(自然)之物的美学理论,另一个领域则是审美(艺术)作品的美学理论。

[87](一)在力量的美学游戏中,表现连续表现而产生,表现一再被表现取代。因此,在力量的美学游戏中,除了这一游戏之外,没有任何的东西可以被表达(darstellen)。从黑格尔到伽达默尔,指责美学事物是无对象的自我关系的关键就在于此。对此,席勒给出了这样的说明:"如同身体的工具,人之

---

① 参阅 Winfried Menninghaus, "'Darstellung' Friedrich Gottlieb Klopstocks Eröffnung eines neuen Paradigmas", 收入 Christiaan L. Hart Nibbrig 编, *Was heißt „Darstellen"?*, Frankfurt am Main: Suhrkamp 1994, 205—226。Menninghaus 认为此新的范式从 18 世纪 70 年代末开始发展。然而,赫尔德、苏泽尔和孟德尔颂的文本却都在 18 世纪前 20 年写成的。

想象力也有其自由的感动和物质性游戏,在其中仅是对自己的威力和不受约束(Eigenmacht und Fessellosigkeit)感到快乐,而与形象没有任何关系。"① 席勒由此推论,必须经过某种"跳跃",② 力量的游戏才能产生形式以及表达、形象和内涵;力量的美学游戏借由某种反击(Gegenstoß)而成为表达。在席勒看来,这种反击只能透过某种"全新的力量"③,即外部的力量,才能施行。不过,实际上,这一反击的来源无他,而是美学游戏所逆反之物,因为美学游戏并不是在规定活动的实践(Praxis des Bestimmens)之前、旁边或之上的状态,而是规定化的实践的美学化过程。美学的游戏是伴随着,同时也是逆反着规定的实践而发生的。美学的游戏在这一实践中,具有它脱离不了的对手。在规定实践与力量游戏的对手关系中,美学的表达便随之启动:力量的美学游戏逆反于重新认识的对象规定——但不是因为它以另一种规定取代这一规定,而

---

① Friedrich Schiller, *Über die ästhetische Erziehung des Menschen in einer Reihe von Briefen*, 收入 Schiller, *Sämtliche Werke*, Gerhard Fricke / Herbert G. Göpfert 编, München: Hanser 1980, 册 5, 663。针对("想象"的)游戏(Spiel)与形象(Gestalt),参见 Wolfgang Iser, „Von der Gegenwärtigkeit des Ästhetischen", 收入 Joachim Küpper / Christoph Menke 编, *Dimensionen ästhetischer Erfahrung*, Frankfurt am Main: Suhrkamp 2003, 176—202。有关对象与游戏的关联,参见 Martin Seel, *Ästhetik des Erscheinens*, München: Hanser 2000, 70—99。

② Schiller, *Ästhetische Erziehung*, 664.

③ 同上。

是因为它使得这一规定自己成为一种力量的表现,**在其内部使之不确定的**(unbestimmt)。"美学化"意味着造成不确定(Unbestimmtmachen)。借此,对象成为审美的:美学的游戏表示对象为审美之物(schönes Ding);在力量的游戏中被化成不确定的对象就是审美之物。①

[88](二)审美作为不可确定之物,借由规定化的实践的美学化而被表达,在美学游戏中表达。此说法不仅对审美之物有效,对审美的作品也有效:艺术作品的美学概念涉及一种组合,其只有在规定活动之实践的美学化中,在力量的美学游戏中而存在。然而,审美的作品不仅如同审美之物一般,在规定化的实践的美学化过程中表示;与审美之物不同,审美之作品也表示美学化的过程。如同施勒格尔(Friedrich Schlegel)所言,作为表达的艺术作品同时"也表达其自身"。② 艺术作品表达其自身的部分乃是其表达自身的美学化过程,即从实践及其规定的官能过渡到力量之游戏的过程。美学化被同步表达本身就是一种美学的发生:不是因为它说话,而是因为它

---

① "美学的诸吊诡(Paradoxien der Ästhetik)被其对象所命定:'审美或许要求的是在事物中之不确定者的奴性模仿。'"(Adorno, *Ästhetische Theorie*, 113;引言来自 Paul Valéry, *Windstriche*。)

② Schlegel, "Fragmente"[*Athenäum*],号 238,收入 Schlegel, *Studienausgabe*, Ernst Behler / Hans Eichner 编, Paderborn: Schöningh 1988, 册 2, 127。

被演出;艺术作品表达美学化,因为美学化让表达美学化。作为表达的美学化,亦即从规定的实践到力量的游戏的过程,美学化始终也是规定的实践自身的表达;或者说,美学化涉及规定之实践的表达,而这一表达在规定之实践中已能看到力量游戏的作用。换言之,美学地来看,艺术作品是一种复杂的表达手段。艺术作品意味着三方面的表达:(a)如同审美之物、审美之作品在力量的美学游戏中被表达;(b)与审美之物不同,审美之作品表达美学化的过程,因为同时也表达自身;(c)于是,审美之作品同时将规定活动的诸实践以一种崭新的、改变的方式来表达,但同时也表达出了规定之诸实践的美学化瓦解。

第五章 美学:哲学的论争

[89]鲍姆加登在《美学》一开头的段落就陈述了他的计划,亦即积极地阐发由笛卡尔所勾画的"感性"领域,使它如同认识一般有其特殊且正当的形式,即 cognitio sensitiva(感性认识):"美学(自由艺术的理论、基层的认识学说、审美思想的艺术、类比理性的艺术)是一门感性认识的科学。"鲍姆加登因此不仅把理论(theoria)和艺术(ars)、探究(Untersuchung)和引导(Anleiten)关联起来,《美学》开篇的第一段同时也纲领式地将"基层的"(untere)认识、"类比的理性"(Analogon der Vernunft)和"自由的"(freien)艺术、"审美思想"之间联系起来。美学所探究及指引的是,一般的感性的掌握及表达,以及其特殊的艺术性的或者是审美的施行,它融贯各种特殊的艺术、审美的理论与一般的认识学说。

这一联系对于鲍姆加登哲学美学的构想来说至关重要,它是作为哲学学科的运作法则(Bewegungsgesetz),即它的运作始终由特殊与一般的辩证所推行。正如莱布尼兹在他的《关于认识、真理及诸理念的一些考察》中所说,"画家和其他的艺术家"就证明了,人虽然不能下定义,却能知道些什么。鲍姆加登则告诉我们,透过艺术家的习练,我们才能展开艺术,这意味着并解释了感性和知性、因果机械性和自发的行动,这些由理智所划分出来的对立是错误的;[90]因为美学的习练教导我们,在感性中作为(而且如何作为)"主体"。思考艺术实践因而从根本上彻底改变了整个时代的、透过哲学而表达的自我理解。鲍姆加登用美学,即反省自由艺术和审美思想,来实践对主流哲学的批判。

将美学作为感性的一般理论和艺术与审美的特殊理论之间辩证的联系,能如此构想的前提则是,鲍姆加登的起手式在于将整个美学领域等同于"感性的认识";在一般性和特殊性之间的美学辩证只能展开于一个内在同质的美学领域中。但是,对赫尔德来说,力量和官能之间的区别在于对美学事物的理解并非感性认识的特殊方式,而是将美学事物理解为在范畴上不同的"种类"(Gattung),它构成感性认识的*对立面*(gegenüber)。——这是赫尔德自己的用语。在"鲍姆加登式的"美学有一辩证的关联能够融贯感性的一般理论与艺术、审美的特殊理论,而这一辩证关联则被消解于幽暗美学

(Ästhetik des Dunklen)之中。

然而,在幽暗的美学中,是什么取代了这一辩证关系?此外,奠基在一般与特殊之美学辩证之上的批判(亦即借由艺术的反省而批判主流的哲学),究竟是被什么所取代的?

从完美性到自我确立

鲍姆加登的《美学》运作于感性认识的一般理论与自由艺术或审美思想的特殊理论之间的辩证,并且被案例性的法则(Gesetz der Exemplarizität)所支配:在审美思想与自由艺术当中,所有感性认识的根本特性会以案例的形象展现出来。[91]所谓感性的审美或自由的形象在双重意义下是"案例式的"(exemplarisch):它们是形象,而且给出案例;它们展示了一般的感性认识,因为它们是感性认识的升级形式。它们是"完美的"感性——对比于不完美的、寻常的感性。[1] 即使是

---

[1] Baumgarten, *Gedicht*, § CXVII:"因为表达有可能以完美的与不完美的方式呈现,所以'一般修辞学'作为科学,教导人们如何一般地以不完美的方式呈现敏感表象,而'一般诗学'作为科学,则教导人们如何普遍地以完美的方式呈现敏感表象。[……]哲学家应当努力的是,在一般方面进行整体的勾画,在特别处则对于诗歌和简单的言说技巧作出准确的界分。他们只有程度上的差别,但我们认为,要仔细地把该有的区分明确下来所需要的几何学知识不能少于要把古希腊的弗里吉亚人(Phryger)和密细亚人(Myser)两个民族判分出来。"

寻常的感性形象，也蕴蓄着一般的规定。但是，相对于完美的形象来说，它们却未展现出一般的规定，甚至是掩盖了它们。

在感性的完美形象中，在自由艺术、审美思想中，展现出感性(升级)的可能，让我们得以看见感性另一全然不同的现实：也就是它蕴蓄着这一可能，并不是因为感性的寻常施行真的就能像特殊的、审美或艺术的感性一样(或者就应成为那样)，而是因为这些特殊的、审美或艺术的感性诸施行(Vollzüge des Sinnlichen)能够以一般的方式表示出感性的根本特性而有别于寻常的感性，但**因为**是一般的，所以这一根本特性也适用于寻常的感性施行。这个特性存在于感性的领会和表达的内涵是无法定义的：存在着特殊的、艺术的、审美的感性形式之领会与表达，而且正是对象的形式在"物质的完美性"中适切地领会和表达出来。[92]这显示出不可界定性(或"模糊性")和认识能力(或"明晰性")是以案例的方式得到了结合，同时也造就了感性事物的一般性。感性事物的审美或艺术的施行之所以能称之为"案例的"(exemplarisch)，是由于它们在不寻常的、升级的方式中(也就是开显和表达令人惊异的新意[①])运用了**一切**

[①] 鲍姆加登于《美学》(Baumgarten, Ästhetik, §741)中引述 Quintilian 在《演说者的训练》(*Ausbildung des Redners*)8, 3.74 中说的话："我所说过的相似性的类型，装点了演说并使它更高尚、繁盛、可爱与令人惊诧。因为切合的图像愈是从远方引进，新奇之感就愈强烈，它能诱发思考，也因此更让人意外。"

感性事物的根本规定,与此同时,感性的根本规定及其寻常形象也显示了出来。

案例性的架构有三个部分。首先是一般的感性,而一般的感性则包含了两个不对称的形象,一是寻常的,一是完美的感性形象。赫尔德反对鲍姆加登而坚持作为幽暗的美学事物,意味着不同种类的区别,因此消解了这一案例性的架构。从感官认识官能的美学迈进至幽暗力量的美学之所以可能,不仅仅是因为感性的案例的形象将自由的艺术及审美思想以另类的方式来规定。美学事物作为幽暗力量之游戏的展开,不再是一般性中的特殊性,亦即,这种美学事物不是感性认识的根本规定在一般性中的案例式的(完美式的)实现。美学事物毋宁是美学化的过程,感性认识的实践官能将在此过程中转化并升级,乃至游戏起来。感性认识的实践既不是以寻常的也不是以完美的方式在力量的美学游戏中实现,这个力量的美学游戏根本不实践感性认识的实现。因此,力量的美学游戏并不是显示感性认识之实践的一般状态。[93]力量的美学游戏对于感性认识的实践而言,既非例证式的,亦非案例式的;力量的美学游戏使得感性认识的实践全然不同。

鲍姆加登在三部分案例话语中,将"(一般的)感性事物"涵盖不同程度的完美性,并将之区分出寻常的与艺术的感性事物形象。力量美学则打破了这样的关联:若力量和官能分属不同的种类,它们并不是同一感性事物领域的不同类别,那么幽暗力量的美学显现就不会"案例地"展示力量与官能的共通性。不论如何,幽暗力量的美学显现还是有所展示:因为幽暗力量的美学游戏透过此游戏的美学化来展现自身,我们据此也经验了一种全然不同的实践能力。依据于实践官能,又对反于实践官能。力量游戏的美学经验是被转化之自我经验的媒介,亦即是自己实践官能被转化之经验的媒介。

受伯克崇高现象学的影响,孟德尔颂认为,力量游戏的美学经验是自我经验的媒介,由此说明,官能转化为力量,亦即苏泽尔所谓进入"感动"(emotion)状态连接自身的快感,或者说,自身处于活生生感动之状态的快感。因此,孟德尔颂把限制美学、充满快感的自我经验,认为是美学快感只来自于这样的经验,亦即置身于活生生的力量游戏状态。在《判断力批判》中,康德反而赋予美学的、充满快感的自我经验,一种超出这样范围的解释,并将其拉回到实践官能,而将享受实践官能活化为力量。就像鲍姆加登把美和艺术的施行归入感性认识的广泛领域,康德也在幽暗美学的问题上把美学领域[94]独立出来:被独特地命名为"美学的"表象施行方式既非认识的(erkennend),也非规定的(bestimmend),而是"反省性的"(reflektierend)。康德继续讨论如下,"经由给定表象的引动,美学的反省性活化了想象力及知性官能,并引发了不确定但却共通的活动(unbestimmter, aber doch einhelliger Tätigkeit)"。① 在美学施行中,我们的力量是被"活化的"、处于自由的游戏。② 美学快感因此能够作为方法而被确定,透过它,我们"将可意识到"③我们的认识力量被活化。"透过"美学快感(它由我们在内部"造作[machen]"而成),我们在美学的反省中意识到自身,意识到那在自由美学游戏中我们的力量活化、升级的状态:美学快感"来自于想象力和知性这两种心灵力量在轻盈的交互作用中而生出的效应感受"。④ 美学快感是自我关系(Selbstbezug)的媒介,但"美学仅仅来自于内在的感官与感受",而不是"来自理智上我们意识方面有意图的行动"。⑤

面对这个问题:为何要活化我们的力量必须依赖快感而不是不快?孟德尔颂只能或者想要给出一个循环的答案,也就是不去回答、解释活化的快感来自何处。我们对自身力量的活化显示出,我们认为活化是良善的,我们肯定它,这表示我们的灵魂仿佛"渴盼"(sehnt)被感动及活化;力

---

① Kant, *KdU*, § 9, B 31.
② Kant, *KdU*, § 9, B 28.
③ Kant, *KdU*, § 9, B 30.
④ Kant, *KdU*, § 9, B 31.
⑤ Kant, *KdU*, § 9, B 30.

量的活化是快乐的,因为活化就是我们力量的"本体性"(Wesenheit)。① 不同于孟德尔颂,康德对于美学快感学快感的源头问题给出了明确的回答,提供了一个解释。[95]在我们的力量的美学活化中所感到的快感,我们能了解自己。康德认为,因为我们在其中所了解到的是,我们有实践的官能。在美学活化的快感中,展现的不仅仅是自我肯定,在我们力量自身的"本体性"中,没有什么根据是独立的。在我们的力量的美学活化所引起的快感中,对康德来说,我们的力量的美学活化更重要的是确立了我们的力量真的是官能;这是实践主体自我确立的快感。

康德对于美学快感源头问题的回答,其理由如下。美学快感的自我关系对象"不外乎想象力和知性的自由游戏(只要它们能协调一致,就像对于一般性的认识来说是必要的一样)";因为协调一致"在一般性的认识中,是适切的主体自我关系"。② 认识官能一定得结合两种认识的力量,即想

---

① Spinoza, *Ethik*, 第三部, 336—339: "命题 53: 当精神观照其自身及其行动官能并感到快感时,愈是确定在幻相中想象自身的行动官能,就愈会感到快感。"因为, "命题 54: 证明。精神自身的本质是欲求或权力[……]精神的本质(理所当然地)只肯定其自身及其所能,而不肯定其所不是及不能"。其次, "命题 55: 倘若精神在幻相中呈现了自己的无能,就只会感到无趣"。
② Kant, *KdU*, § 9, B 29.

象力与知性:为了能够产生认识,想象力必须把直觉中的杂多整合成统一体,这样知性的概念才能运用它。想象力和知性在范畴上的不同运作形式,它们之间的联系是认识的可能性条件。两种力量必须要能够联结(verknüpfbar)。[96]这是认识的"主体条件"(subjektive Bedingung),这一条件被满足,力量彼此之间配合得宜,那么我们就能在其中了解到我们的力量在美学活化中的"共鸣"(zusammenstimmen)。关于美学快感的根据,康德认为来自于两股力量彼此取得协调的经验。

在"纯粹美学判断的推证"中,康德如此综述他的美学中心思想,他认为美学的品味判断仅仅奠基于:"判断一般的主体形式条件。所有判断的主体条件是可以判断的官能自身,亦即判断力。为了使表象能够提供对象,判断力得让两种表象力协调一致:即想象力和知性。想象力是对于直觉及直觉所统合的杂多而言,知性是对于概念作为此统合之统一的表象而言。在此,因为判断并无对象之概念作为基底,所以判断的产生只能归属于想象力自身(借由表象,因而提供了对象),其条件是,知性一般把直觉提升到概念。正是因为想象力能够不借由概念便得以图式化,所以才有自由:因此,品味判断的基础在于纯然的感受,即想象力的自由和知性的合法则性之间交相活化的纯然感受。对象根据表象的合法则性(概念得以被提供)在感受的自由游戏中促进了认识官能,判断便在这一感受中产生。"①

美学的快感来自经验:我们能够认识(wir können erkennen)——我们有能力(wir können können),亦即我们有实践的官能。康德认为,力量的美学活化中断了实践的运作,其目的在于让具有实践官能的主体可以引入经验。认识力量处于无规定的美学反省状态,证明了它们足以胜任认识的规定作用。

这个论证有个关键的前提,潜藏在认识力量从"活化"过渡到"共鸣"之间。[97]对康德来说,两者似乎是一样的:美学快感"来自于想象力和知性这两种心灵力量在轻盈的交互共鸣而生出的效应感受"。② 然而,康德只是宣称,认识力量的活化一定包含着力量间的共鸣。他并未给出证明,而这也不能证明。反之,倘若根据幽暗的美学(在此连接上康德对鲍姆加登的批评),那么力量的活化便来自于它升级、加速的"感动",它并不遵循任何规则,因而在感动中也和其他的力量不能整合或共鸣。倘若要能够整合或共鸣,那么力量间得有所规定。但是美学力量的活化或

---

① Kant, *KdU*, § 35, B 145—146.
② Kant, *KdU*, § 9, B 31.

升级,正是来自于对所有规定性的逾越(jede ihrer Bestimmungen zu überschreiten)。①

这显示出,康德对于美学快感的解释包含着内在的矛盾:康德将美学的反省描述成表象力量的"活化",他用幽暗美学来反对鲍姆加登将美学规定视为某种明晰的认识形式。然而,康德却又将美学的活化描述为认识力量之间"共鸣"的经验,他这么做便又把美学"感动"作为幽暗力量游戏的理论收拢纳编到官能及其实践的逻辑当中。康德既想要吃蛋糕,又想保存之。一方面,美学事物被界定为规定实践的他者。为此,他连接上了幽暗美学:美学事物意味着力量的"活化",这种活化超出任何的实践官能。另一方面,美学事物又不能违反官能、实践、主体的逻辑:力量游戏的美学释放只要让我们经验到,美学释放在本体上等同于实践官能。由此观之,美学事物应该是实践的中断,但同时并非意味着实践的断裂。[98]

因此,从康德的观点来看,美学的快感经验和哲学的认识

---

① 参见 Jean-Francois Lyotard, *Die Analytik des Erhabenen* (*Kant-Lektionen, Kritik der Urteilskraft* §§ 23—29), Christine Pries 译, München: Fink 1994, 80—81。从认识力量的"活化"到他们"共鸣"的无论证过渡(Kant, *KdU*, § 9),也对应着无论证的"自由"与"法则"的连接(Kant, *KdU*, § 35)。另见 Rodolphe Gasché, *The Idea of Form: Rethinking Kant's Aesthetics*, Stanford: Stanford University Press 2003, 42—59。

之间有对应的关系。美学经验和哲学认识是两种自我反省的方式。康德认为它们的区分在于媒介的不同：美学的反省形式是感受的，哲学的则是认识的。康德不是从内涵上区分两者的不同：在美学的反省中，我们感受性地经验到，我们能够认识；因为正是在受到活化的自由游戏中所要显示的是我们的力量在本体上是官能，而借由这些官能，我们才能施行规定的实践。同样地，我们的实践官能，也同时建构了哲学认识的对象：哲学关乎通达诸实践的可能性条件。① 我们在美学的快感感受中所经验到的，对康德而言，和我们在哲学中所认识的是一样的。在美学的快感感受中为我们所显示的，是我们在哲学中的洞见：我们有认识的官能（因为想象力和知性在自然地[von sich aus]共鸣）；我们是主体。

然而，康德对于认识力量的美学状态所做的双重描绘——它们的"活化"与"共鸣"，却表现出一种两难；如果既想要吃蛋糕又保存之的康德的这一论辩所指的统一性不能成立，那么美学的自我经验与哲学的自我认识的统一性便会崩解。美

---

① 要点可参：Kern, *Schöne Lust*, 296—309，其中将美学规定为自我确立的媒介，Paul de Man 则解释为"美学的意识形态"（ästhetische Ideologie）。参见 Paul de Man, *Die Ideologie des Ästhetischen*, Jürgen Blasius 译, Frankfurt am Main：Suhrkamp 1993，第一部；另见 Jens Szczepanski, *Subjektivität und Ästhetik. Gegendiskurse zur Metaphysik des Subjekts im ästhetischen Denken bei Schlege, Nietzsche und de Man*, Bielefeld：Transcript 2007，第三章。

学与哲学之争于焉展开。

新旧论争

[99]柏拉图在《理想国》①就已经提到了"哲学和诗歌艺术之间的争辩(diaphora)"。并且,他说这是一个"古老"的争辩。哲学和诗歌艺术之间的古老争辩改变了对知识的态度;不论是在柏拉图的时代,还是在他之前和之后,长久以来,哲学和诗学的争论都意在争取智慧(善的知识)的宝座。② 争辩双方都主张只有最高的实践性知识才能为良善的生活提供形式,而且双方都认为对方的方法无效。哲学认为诗学一无所知,诗学则主张他们的知识有助于实践。虽然瑟诺芬尼(Xenophanes)认为双方"一直是在学习荷马",但是"实际上,诸神并未一开始就向人类揭露了所有的事,而是让他们慢慢在追寻中变得更好"。③诗歌无所知,因为它追寻(sucht),而不探寻(untersucht)。诗

---

① Platon, *Politeia*, 607b.

② Eric A. Havelock, *Preface to Plato*, Cambridge, Mass. / London: The Belknap Press 1963,第一章和第二章;Heinz Schlaffer, *Poesie und Wissen. Die Entstehung des ästhetischen Bewußtseins und der philologischen Erkenntnis*, Frankfurt am Main: Suhrkamp 1990,第一部。

③ Xenophanes,„Sillen", 11 和 18; 收入 Hermann Diels / Walther Kranz, *Die Fragmente der Vorsokratiker*, Bd. I, Zürich/Hildesheim: Weidenmann 1992,131,133.

歌认为哲学对知识的追求即使不危险,也是可笑的:因为哲学并不能获得任何导引我们行动的知识;哲学家是喜剧丑角或悲剧人物。①

这一古老的论争将造成双重的结果,倘若双方之间在来回辩难中开始以不同的方式来理解:要是艺术如同哲学一样,不再以实践的通达为职志,甚至仅仅担保就好,而只是反省实践;要是艺术如同哲学一样,将自己定位成实践的反省形式。从鲍姆加登开始便是如此,譬如,他将自由艺术与审美思想规定为感性的完美形象,并且对照感性一般来说,只表现了不完美的寻常形象。同时,鲍姆加登认为感性在美学事物之中改善和完美了自身。[100]康德反过来将美学事物与审美的艺术规定为寻常的反省经验的媒介。美学事物和平常性的差异,正可显示出何谓平常性,同时并不指望完美化平常性。康德意义上的美学事物并不是完善实践的模式,而是反省实践的媒介。

哲学依其可笑或危险也和艺术一样放弃了对智慧的追求,而成为反省的。哲学因而不再视自己为唯一的或是关于

---

① 参阅 Hans Blumenberg, „Der Sturz des Protophilosophen-Zur Komik der reinen Theorie, anhand einer Rezeptionsgeschichte der Thales-Anekdote", 收入 Wolfgang Preisendanz / Rainer Warning 编, *Das Komische*, München: Fink 1976, 11—64。

最高良善知识的形式本身,而只求认识关于良善的形式的知识。这并非表示,哲学放弃了对良善或实践之通达的追问。哲学并不追问实践的通达是什么或应该是什么,反而追问我们如何能够理解实践的通达实际上在发生,亦即追问实践的通达如何可能。哲学所问的是,应如何理解我们能够获得真认识,能够给予有说服力的论证,能够作出有正义的抉择,如何能够为善事。哲学所追问的是实践通达的可能性条件,并且探究哪一些官能让我们成为主体,即实践的够格参与者。哲学的反省乃成主体的自我反省:成为主体反省自身当作主体的认识,反省哪一些官能让通达成为可能。

一旦哲学与诗学(或艺术)放弃对智慧的追求,这两种实践中的反省方式的关系究竟如何改变的问题,康德便以双重的答案来回应:媒介的差异而内涵上的同一性。哲学的反省探究的是官能(Vermögen)与通达(Gelingen)的相应,此相应便定义实践的概念。在美学经验中,则显现出这一相应关系的"主体条件"(subjective Bedingung),亦即力量的自由共鸣(在官能的施行方面能够合作无间)。[101]然而,康德这一囊括了哲学与艺术的反省作用的双重回答却瓦解了,因为他没有办法证明这一"共鸣"(Zusammenstimmung)的原理。这一原理源自于批判的鲍姆加登式的幽暗美学,也是康德美学的现象学基础,用以说明力量的美学"活化"。因此,美学的反省性,以及美学与哲学反省形式之间的关系同时也有必要以不同于康德的方式来重新把握。哲学与美学不只是在表现的媒介方面不同,他们所构想的实践图像也有区别。正是因为他们同样着力于实践,才产生了这一论争。

这一"新争论"——即哲学与美学事物之间的争论——是一种"协调一致"和"延异"(Widerstreit)之间的争论,或者说,是在争辩,在实践的核心中,是"协调一致"或"延异"在主导。哲学的反省所追问的是通达的可能性条件,而它借由官能的概念来回答此问题,所以哲学的反省是一种协调一致的思想,亦即强调官能与通达、与良善的协调一致。官能的施行就在于实践的通达实现。哲学的反省并不能"发现"(entdeckt),在官能与通达之间(亦即我的与你的官能之间,并且在我的、你的和我们的官能之间)有着协调一致,如同协调一致是一种也可以有所变化的实证事实。对哲学而言,这种协调一致是我们始终业已预设,一旦我们作为主体并且把我们的行为(Tun)理解为实践。

反之,力量游戏的美学经验则引发了"无条件者和有条件者之间某种无法化解的延异的感受"。[①] 这首先适用于活

---

① Friedrich Schlegel, "Kritische Fragmente[收入 *Lyceum*]", no. 108, 收入 Schlegel, *Studienausgabe*, 册 I, 248。施莱格尔讨论了苏格拉底的反讽,他在此却是从美学的模式来描绘,参见前揭,第三章"力量作为表现"章节。

化的力量与其在美学游戏中的表现之间的关系。[102]有力量就表示能产生作用、有所表现。力量的作用,倘若我们将其视为"幽暗的",总是将一种表现从先行的另一种表现而产生出来;产生一种表现在美学的力量游戏中意味着逾越表现。力量展现其作用总是与它自己先前所引发的表现处于延异。用施莱格尔(Schlegel)的话来说,美学的力量是"无条件的"(unbedingt),因为它根本就是"过剩的"(überschüssig)。在美学游戏当中,我们获得如此的经验。因为透过美学化的过程,我们在力量的美学游戏当中同时经历了官能的退化反省的转化(Transformation der Vermögen),它来自于主体的实践,并且将美学的延异的"感受"(Gefühl)回馈给自己。我们美学地经验到,在主体的实践中隐藏着一种延异,因为在它的美学化中,在力量游戏的施展中,才被解捆,才被释放。美学事物中的实践应当如此理解:已经包含着力量与表现之间的延异。

这一存在于哲学与美学事物之间"新的"论争可以概括为以下三点:

1. 哲学反省构想它的实践图像为官能与通达间的相应,美学事物则认为,在实践中包含着力量与表现之间的延异。

2. 哲学探究的是官能作为通达的根据,美学事物则经验着力量作为其表现的无据（Abgrund）。

3. 哲学展开的是实践的理性（因为理性是让通达发生的总体官能），美学事物则释放迷醉的力量（因为迷醉是力量自由运作的状态）。

[103]在内涵上，哲学和美学事物作为实践的反省形式彼此对立。然而，两者之间的争论要是不能有个决断，至少容易避开。两者的对立——官能与通达的协调一致以及力量与表现之间的延异，虽然共同指向了实践，但趋向则不同——分别指向哲学的思考，或者指向美学的经验。只有当美学的经验也进入哲学的思考，而哲学的思考也涉及了美学的经验，那么酝酿在两者之间的争论才会公然爆发。

这发生在美学之中，也造成了旧的争论和新的争论之间的区别，旧的争论是哲学和诗歌的争论，新的争论是哲学反省与美学反省的争论。新旧争论的第一个区别是，争论的双方如何被理解——是谁在争论。第二个区别是，争论之处何在——在哪儿争论。旧的争论是哲学和诗歌艺术两者的争论，而且如柏拉图所说的，触及了哲学最内在的自我理解。不过，此争论不应该界定哲学的范围：与诗歌的争论应该帮助哲学达成自我理解，但争论也是要能够顺利结束的，这至少是柏拉图的企图，而且他在驱离诗人的意向中表达了此企图。与旧论争不同的是，美学则因为哲学涉及了美感经验而深入了哲学的核心之处。

用鲍姆加登的话来描述,①美学事物成为哲学"值得"(würdigen)探究的对象。然而,美学事物却不仅仅是哲学的**对象**(Gegenstand)。因为美学事物对于实践的反思方式和哲学是逆流的。作为美学的哲学,在朝向美学事物时,它反思的是实践的反省与哲学自己的实践的反省方式相互抗诘。

[104]于是,美学事物作为哲学的对象,同时也成了它的反对者。哲学和美学对于反省方式的争论也因为途经美学而深入了哲学。

美学是美学事物的哲学。作为**美学事物之哲学**,美学对于实践进行美学的反省,并且经由美学化(Ästhetisierung)让实践官能得以转化为幽暗力量。不过,美学是**以哲学的方式**来转化,而不只是美学的经验或作为美学的批判。美学不仅是指美学事件(ästhetische Ereignisse),美学是美学事件的思想。然而,美学事件不能被设想为和哲学的实践施行一样,从实践官能转变为幽暗力量并不是借由实践官能的施行而发生:美学化的实践过程并非实践。因此,哲学在此并不是探问哪一些官能保证通达。哲学成为美学,导向美学事物,并且对哲学思考的形式自我质疑。透过美学,哲学的概念(Begriff)

---

① Baumgarten, *Ästhetik*, § 6,另可参见本书第三章"上层力量的残障"章节相关讨论。

改变了。这一改变,上承赫尔德、肇自尼采,可描述如下:哲学借由美学即是借由思考美学事件的尝试(而不只是经验到或批判性地证实美学事件)成为**系谱学**。

美学化的过程在于将实践官能转变为幽暗游玩的力量。同时,美学化向我们揭露的是,在这一转变中,美学事物因而(同样)是一种"反省方式",只是不同于实践官能:这一反省方式在通向幽暗游玩力量的过渡中表现出来。这种可以美学地经验到的官能到力量的过渡应该要哲学地来理解。这使得哲学成为系谱学。此处的中心假设是:实践官能一直以来都通向幽暗游玩力量,因为它总是得从幽暗力量中现身。[105]幽暗力量绝不只是实践官能的他者(或者他们是**因此**而成为了他者),因为幽暗力量是实践官能的开端,才能使实践力量过渡成作为他者的幽暗力量。只有曾是幽暗力量,才会有实践官能;幽暗力量让实践官能得以可能。

在美学化的思考中成为系谱学的哲学,将官能描述为两种可能之关系的交汇点:透过实践官能的通达而展开的可能,以及实践官能经由幽暗力量而展开的可能。官能是实践通达的可能性条件,力量则是实践官能的可能性条件。在此,所谓的"可能"(Ermöglichung)和"条件"(Bedingung)在两种关系中却有所不同。官能确保实践通达;官能的实行是实践的通达施行。力量的作用则开辟出一个违反机械法则和生活目的的场域,让官能的习练养成同时既可能又不可能①:幽暗力量的游戏本质上的不可确定性,让人从机械法则与生物目的的统治中解放出来,并透过(赫尔德所说的)"陌生意义"的烙印(Einprägung),使得人成为官能的主体。同时,也是幽暗游玩力量在本质上的不确定性,阻止人将自己认同为官能的主体。实践官能从自身的他者、幽暗力量当中现身,并且铭刻在官能之中;官能的他者、幽暗力量驻留在官能中,官能来自力量,背向力量而现身,但力量又铭刻在身。[106]因此,对官能的来

---

① 因为可能性范畴的复杂化,所以德勒兹则建议以"虚在性"(Virtualität)而阿甘本以"潜在性"(Potentialität)来替代。我在此借用德里达的"签名、事件、脉络"(Signatur Ereignis Kontext)来表达,收入 Derrida, *Randgänge der Philosophie*, Wien: Passagen 1988,313(Donald Watts Tuckwillet 译)。同样,在德里达的想法中,(可能性条件同时被理解为不可能性的条件)联结着某种"修辞的"美学教程。透过实践的官能,它就像系谱学一样"解构"了实践通达的哲学解释。不同于系谱学的是,它解释鲍姆加登的美学的方式有所不同,并不将其视为始自幽暗力量的反思,并被实践官能所改造且一直产生作用,而是当成对于隐藏"形式的形象"(Figuren der Form)的反思(Camp),它透过它们的"潜伏性"(Latenz)(Haverkamp)产生通达的效果。参阅 Rüdiger Campe,„Bella Evidentia. Begriff und Figur von Evidenzin Baumgartens Ästhetik",收入 *Deutsche Zeitschrift für Philosophie*,册 49(2001), 243—255; Campe,„Der Effekt der Form. Baumgartens Ästhetik am Rande der Metaphysik",收入 Eva Horn / Bettine Menke / Christoph Menke 编, *Literatur als Philosophie-Philosophie als Literatur*, München: Fink 2005, 17—34; Anselm Haverkamp, *Figura cryptica. Theorie der literarischen Latenz*, Frankfurt am Main: Suhrkamp 2002,23—43,73—88。在此提出的问题是:(美学的)力量与(修辞的)形象之间关系为何? 美学系谱学的主张是:形象是力量的(表现)效应。

源在于幽暗力量的系谱学洞见(根据这个洞见,让官能成为可能之物,并让它不可能),同时改变了对官能如何施行的哲学理解:改变了何谓实践,何谓实践之通达的理解。

在系谱学的哲学中,美学事件的思想改变了实践的概念:因为官能来自力量又逆反于力量,而力量仍然铭刻在身上,纯粹意义的官能便不存在了;没有任何的施行,其逻辑学或能量学能借由"官能"、"实践"、"主体"的形式规定而被完全掌握。要是一个施行是由"官能"、"实践"、"主体"的形式规定而展开,那么我们就必须同时运用"逆流"的概念,即"力量"、"游戏"、"人"。一旦使用了"官能"、"实践"、"主体"的概念,就必须相应地也用上"力量"、"游戏"、"人"等逆流的概念。当我们称呼"官能",就会有两种称呼上的分裂要连带被提及,即官能与力量。

有关美学事件的哲学思想导致实践官能的系谱学理解,并且同时表述了哲学探究的计划。这一计划要求,在所有人类实践的领域中,探寻官能自我二分为官能和力量,并探问这一二分在人类实践的每一领域中获得哪一种特殊的形象。[①]

[①] 关于意义(Sinn)概念的研究,可参考 Khurana, *Sinn und Gedächnis*;关于意志(Wille),参考 Setton, *Unvermögen-Akrasia-Infantia*。

第六章 伦理学:自我创造的自由

[107]美学事物的"伦理-政治"意涵究竟何在?① 关于"我们的困境是:如何找到能配合我们音乐的文化"②的解决方案是什么? 要创造一个怎样的文化来解决困境,找到属于"我们的音乐"、"我们的美学实践及艺术理论的文化";一种符应美学艺术的文化——一种美学的文化? 对尼采而言,哲学地思考美学事物,意味着提出这样的问题,面对这样的困境。

---

① Friedrich Nietzsche, *Nachgelassene Fragmente*(1869—1874),收入 Nietzsche, *Kritische Studienausgabe*,册7,页 97。尼采著作的引用出自尼采全集的批判研究版(简写 KSA)并标明章节。所引用的尼采书名简写为: *Die Fröhliche Wissenschaft*(册 3); *Götzen-Dämmerung oder Wie man mit dem Hammer philosophiert*(册 6); *Die Geburt der Tragödie*(册 1); *Morgenröthe*(册 3)。

② Friedrich Nietzsche, *Nachgelassene Fragmente*(1869—1874),收入 Nietzsche, *Kritische Studienausgabe*(册7),426。

因为美学地进行艺术、观看艺术绝非局限于艺术领域。美学事物不可能,也不应该仅是关涉到艺术。美学的实践与艺术的理论改变文化,改变个人的("伦理的")生活经营及群体的("政治的")生活经营。

"尼采对艺术的觉察沿袭着传统的轨道,这条道路的特殊性以'美学'之名被规定。"①海德格尔的表达是正确的,但他的理解却是错误的。尼采的艺术理论,首先是在他的《悲剧的诞生》中展开表述,后来他虽然进行了自我批判,但是仍然保留了根本的想法。尽管其中的术语刻意违反一般用法,但并不是他自己发明的:从鲍姆加登到康德之间所发展出来的幽暗美学相关的片断性的洞见被尼采重新表达,甚至回复这些洞见。尼采这一著作之所以具有不可较量的意义,并不在于它第一次表达了什么,而是关键的意义在于,尼采就是而且如何重新表达幽暗美学的原初洞见,因为他的表达反对唯心论哲学从康德以来试着将幽暗美学吸纳到自己哲学计划的确立中。[108]因为在尼采的重述中,幽暗美学原初洞见的意义才得到揭露:幽暗美学不仅仅是审美或艺术的理论,而且也是对于人的规定,它具有伦理-政治及文化的意涵。因此,"困境是:

---

① Heidegger, *Nietzsche*, I, 91.

如何找到能配合我们音乐的文化"!自始至终都是尼采哲学的任务。这也致使尼采哲学具有双重的特点:首先,他强调美学事物和认知的、道德的实践之间有着断然的区别,再者,也同时在美学事物看到改变这些实践的关键威力。

向艺术家学习

艺术的威力能改变我们的实践及我们的生命,根据尼采在《快乐的科学》中所指出的,这乃奠基"我们对艺术至上最后的谢意",没有了艺术,"就无法忍受我们的处境"。① 后来,在第二版的序言中,尼采说明了他在此所想的是哪一种艺术:绝不是"那些有教养的俗众们所喜爱的浪漫主义的兴风作浪与感官的狂暴散乱,那种向往崇高、昂扬、古怪的风气",而是"另一种艺术:嘲讽、轻盈、轻描淡写、神圣静定、神奇精妙的艺术,就像一道熊熊烈焰直冲云霄。最要紧的是,一种为了艺术家的艺术,只为了艺术家"!② 这个"另类的艺术"有伦理-政治的意涵,是一种以不同方式驱动、观照的艺术:这是**为了艺术**

---

① Nietzsche, *Die fröhliche Wissenschaft*, 464.
② Nietzsche, *Die fröhliche Wissenschaft*, 351.

家而存在的艺术。

尼采把这种艺术与浪漫的刺激艺术区别开来,而在此重复他在《悲剧的诞生》中所表达的自律美学的立场:①"为艺术家的艺术"对反于"修辞"的艺术,像欧里庇德斯(Euripides)的美学苏格拉底主义那样,或华格纳文化产业的总体艺术,都算计着对观众的效应。②"为艺术家"的艺术就是:不是为了观众;而只遵循自己原则的艺术。"一种为了艺术家的艺术,只为了艺术家!"尼采不仅重复自律美学的计划,而且增添了重要的洞见。这个洞见是,美学的自律艺术之所以具有伦理-政治的意义,端赖于艺术家的形象。确切地说,让美学的自律艺术能够拥有伦理-政治意义的唯一方式就是,向艺术家学习。在《快乐的科学》标题为"人们应该要向艺术家学习什么"一节,尼采要求首先得知道艺术家到底做什么、能够什么:"我们应当向艺术家学习,然后我们还得比他们更有智慧。因为在艺术家那儿,通常精微的力量在艺术停止的地方便消失了,而生活才开始;我们则要成为我们生命的诗人,而且首先得从最细微和最日常的地方开始。"③

---

① Nietzsche, *Götzen-Dämmerung*, 152:"谁要是只想从道德的根源来导出悲剧的作用,如美学长久以来所流行的,就不会相信,某种为艺术所做的事:在艺术的领域中必须首先要求纯净。"

② Nietzsche, *Götzen-Dämmerung*, 84; Nietzsche, "Der Fall Wagner-ein Musikanten-Problem",收入 *Kritischen Studienausgabe*,册6,页21—32。

③ Nietzsche, *Die fröhliche Wissenschaft*, 538.

艺术家成为了焦点,由于他所做及所能。向艺术家学习,也就是"要像"艺术家一般地行事,而且还要"更有智慧":被艺术家所拒绝的,能够回答另一个问题的"力量",也就是贤者的问题为哲学所采用。这个问题即是探问美好的生活(gutes Leben)。

能不能

[110]艺术家做什么?或者,更重要的是怎么做?尼采在《快乐的科学》中首次提出了向艺术家学习的计划,他设定艺术家为"形式、声调、语词的崇拜者(Anbeter)",至于他的能力,也是我们应该向他学习的则是:"勇敢地停驻在表面、皱褶、皮肤之上,崇拜幻相,相信形式、声调、语词,相信整个奥林帕斯山的幻相。"① 艺术家的能够在于停留于幻相,在于不能(Nichtkönnen):他们能够"不知道"(nicht-zu-wissen)②,他们能够忍耐纯然的幻相,而并不寻求以知识消解幻相。

《快乐的科学》便是如此限制艺术家的能够。美学在此成为了字面意义的现象学:艺术体现了"向着幻相之良好的意志"(guten Willen zum Scheine),而透过艺术,我们于是得以将自己看成"美学现象"。尼采在《快乐的科学》中如此半带反讽地引用

---

① Nietzsche, *Die fröhliche Wissenschaft*, 352.
② Nietzsche, *Die fröhliche Wissenschaft*, 351.

了在《悲剧的诞生》中著名的话:"作为美学现象,此在的人生对我们是可以忍受的,进则艺术给我们眼光、手能,尤其是良知,以能够让我们自己变成这种现象。"①从艺术家学习的能够是一种能够**观看**、能够**另类**观看我们自身:能够以自己为纯粹的幻相或美感现象。谁要是学会了,便获得了"凌驾事物的自由"(Freiheit über den Dingen),便能够在美学的沉思中与自身保持距离:"我们有时候必须让自己休息一下,往上或往下看看,观照自身,以一种艺术的距离,嘲笑自己,或为己哭泣。"②谁能够这样看待自己,就能够不一样地活着:他就能"逍遥和游玩"。③

幻相的学说作为美学现象学所迸发的思想,恰恰正是《悲剧的诞生》的中心洞见:[111]美学的幻相来自某种与自己对反的根据。美学幻相当作幻相经历幻相——幻相"失能"(depotenziert)④成

---

① Nietzsche, *Die fröhliche Wissenschaft*, 464.
② 同上。
③ Nietzsche, *Die fröhliche Wissenschaft*, 465.
④ Nietzsche, *Die Geburt der Tragödie*, 39:"Depotenziren des Scheins zum Schein";可参见 Karl Heinz Bohrer, "Ästhetik und Historismus: Nietzsches Begriff des 'Scheins'", 收入 Bohrer, *Plötzlichkeit. Zum Augenblick des ästhetischen Scheins*, Frankfurt am Main: Shurkamp 1981, 111—138; 另可参见 Paul de Man, "Rhetorik der Tropen [Nietzsche]", 收入 de Man, *Allegorien des Lesens*, Werner Hamacher / Peter Krumme 译, Frankfurt am Main: Suhrkamp 1988, 145—163; David E. Wellbery, "Form und Funktion der Tragödie nach Nietzsche", 收入 Bettine Menke / Christoph Menke 编, *Tragödie-Trauerspiel-Spektakel*, Berlin: Theater der Zeit 2007, 199—212。

为幻相——因为幻相被经验到为被产生的幻相。根据《悲剧的诞生》的洞见，美学幻相来自于与自身不同者，甚至逆反于与自身不同者：在迷醉中，"所有象征的力量总体释放"。① 美学幻相是迷醉的吊诡效应；它在迷醉中，同时又逆反于迷醉，在解脱（Ablösung）迷醉、摆脱（Erlösung）迷醉中产生。② 然而，假设艺术不仅是"向着幻相之良好的意志"，因为艺术产生幻相的同时，让产生与化解幻相的迷醉般、松绑之力量成为经验，那么艺术家的能够也不只是"去实在化"（Irrealisierung）的官能或将现实转化为美学现象的官能（《快乐的科学》如此理解），所以尼采在《偶像的黄昏》（Götzen-Dämmerung）借由"艺术家的心理学"重新回到迷醉的概念："艺术的出现，美学的行为和观看之所以可能，必须具备某种生理上的条件：'迷醉'。"③

在迷醉中，事物发生改变："（迷醉）状态下的人转化事物。"④迷醉是一种活动的方式，它将事物朝向"完美"（Vollkommene）而转化。"这种朝向完美而转化的必要即艺术。"⑤依据

---

① Nietzsche, *Die Geburt der Tragödie*, 34.
② Nietzsche, *Die Geburt der Tragödie*, 38.
③ Nietzsche, *Götzen-Dämmerung*, 116.
④ Nietzsche, *Götzen-Dämmerung*, 117.
⑤ 同上。

传统艺术行为的理论,即依据所谓的"诗学",事物的完美形象已禀赋于事物之间,而艺术行为对此进行加工改造。生产的艺术行为被理解为由目的所导引的产生。对活动者而言,施行活动的结果在活动的根据中被给予,亦即以目的的方式被给予。活动者为了实现他的目的而开始活动。因此,活动者知道他所为;[112]因为他所为是他目的的实现,是他之所以行为之根据的后果。然而,在迷醉中,行为的艺术完美化,并不是某一行动主体实现他所知道的且所追求的目的,迷醉中的活动者反而实现了什么呢? 实现自身:"(迷醉)状态中的人转化事物,直到它们映现出他的权力(Macht)——直到它们成为他完美性的反折(Reflexe)。"①美学上的行为和观看尽管导致转化、事物的完美化,但"美学行为和观看"所引起的变化,在艺术行为中并非是刻意做出来的:转化并非行为的目的。艺术行为没有任何奠基或引导他的目的。艺术活动是,艺术家所处的活动状态的"映现"(Wiederspiegelung)或"传达"(Mittheilung)。②

艺术活动不像达成目的的行为,而是活动者的自我"传达",这个翻转对应于艺术活动的主体状态。尼采在《悲剧的诞生》中将它描述为"迷醉",并且认为这是一种"力量提升和充实"的状

---

① Nietzsche, *Götzen-Dämmerung*, 117.
② Nietzsche, *Götzen-Dämmerung*, 118.

态,这种状态在《偶像的黄昏》中再次被称作"狄奥尼索斯式的"(dionysisch):"狄奥尼索斯的状态就是[……]全部的感触系统被引动和提升:所有表现媒介一下子释出,展示、模仿、变形、转化的力量,所有模拟与戏仿的方法都同时被驱动出来。"①

目的导向的行动主体在行动中展现官能,行动也就是某个普遍形式的特殊实现,而行动者对此形式有所知(他才能有所依循并且修正调整行动)。行动官能基本上是有意识的。相反的,尼采则认为"力量"的作用是在意识之外(或在意识之中);力量是无意识的。同样的,迷醉的概念也是如此:迷醉是一种这样的状态[113],主体的力量被提升至抽离了一切有意识的控制。或者反过来说,迷醉力量的释放正是因为从自我意识的官能、目的导向的行动等固化的状态解脱开来。因此,在迷醉的力量提升状态中的人,可以从本体上的"失能"(Unfähigkeit)来界定:"失能,不能不回应就是失能(类似某种程度的歇斯底里,只要往某个方向提示就会化身为'该种'角色)";②行动能力的失能就是作为美学的必然回应与必然自我表现的力量。

在《偶像的黄昏》中,尼采称迷醉为"美学行为和观看"的"生理条件"。迷醉并非艺术活动的全部,艺术家并非全然(且

---

① Nietzsche, *Götzen-Dämmerung*, 117.
② 同上。

一直)处于迷醉状态;他和迷醉保持断断续续的曲折关系。艺术家"游玩"(spielt)迷醉:艺术的世界"在与迷醉的游戏中展开,但并非总是全然地与迷醉纠缠在一起。我们可以在戏剧中再度见到狄奥尼索斯的人,他们是本能的诗人、歌手、舞者,但是'扮演成'狄奥尼索斯的人。"① 狄奥尼索斯的艺术家和"狄奥尼索斯的野蛮人"有所区别。② 他们的野蛮是"能够"全然不在场的状态;狄奥尼索斯的野蛮是"从人退步为老虎和猿猴"。狄奥尼索斯式的艺术家反而是内部区分的;他的"感性冲动具有奇妙的混杂与双重性"。③ 艺术家则同时是有意识的官能与在迷醉中释放的力量,他来回往复于两者之间。艺术家是非常独特的能手:他所会的,就是不能。艺术家能够不能。④

---

① Friedrich Nietzsche,„Die dionysische Weltanschauung", 收入 Nietzsche, *Kritische Studienausgabe*, 册 1, 页 567。因此, 艺术的迷醉便和另一种迷醉区分开来, 即从生活中"衰退"(Dekadenten)遁逃, 参见 Nietzsche, *Morgenröthe*, 54—55; Nietzsche, *Die fröhliche Wissenschaft*, 620。对于狄奥尼索斯的野蛮人的区分, 参见 Peter Sloterdijk, *Der Denker auf der Bühne. Nietzsches Materialismus*, Frankfurt am Main: Suhrkamp 1986, 59—71。

② Nietzsche, *Die Geburt der Tragödie*, 31—32.

③ Nietzsche, *Die Geburt der Tragödie*, 33.

④ "一旦我开始唱歌,我便不知道我在做什么,因为我不'知道',我'能够唱歌'", 以及"或许对于歌手的命运最忠实的界定在于, 他有被动接受的官能(Vermögen der Passivität), 并能无为(Untätigkeit)或任让(Gelassenheit), 亦即能不能(Können des Nicht-Könnens)"(Alexander García Düttmann, *Kunstende. Drei ästhetische Studien*, Frankfurt am Main: Suhrkamp 2000, 25, 27)。

[114]倘若艺术家的能够是一种不能之能(Können des Nicht-Könnens),那么向艺术家学习就意味着"学会不能"(verlernen):"学会善于遗忘。"①——把"能"和"所能"都忘掉。《快乐的科学》要求艺术家遗忘他们"精微的力量"(feine Kraft),《偶像的黄昏》则把"美学的行为和观看"界定为特异的"吊诡之能":这种能够是实践官能在其作为迷醉式释放的情况下能瓦解或逾越。另类行为的模式(因此,美学艺术的意涵的问题导向被提出)不同于目的导向的行动。另一种*活动*(Tätigsein)的模式为:向艺术家学习不是从实践的世界中逃开躲入美学的幻相沉思当中;依循艺术家的模式不是以"美学现象"来替置实践事物,而是以美学的方式来转化实践世界。

转化实践的计划是针对行为(Tun)的另一种施行方式。它不同于行动的模式(Modell der Handlung)。"实践的美学转化"(ästhetische Verwandlung der Praxis)意味着:要中断行动的概念(以及所有与此相关的概念,如目的、根据、企图、官能、自我意识等等)对于活动的权力。艺术家的学说是指,人们除了以目的导向的、自我意识的方式来执行实践官能之外,还可以有*其他活动方式*。尼采把这种另类的活动方式(不论

---

① Nietzsche, *Die fröhliche Wissenschaft*, 351.

是在行动中或行动外)称为"生命"(或"生活")(Leben)。随着艺术家的模式来活动,并非意味着行动(zu handeln),而是意味着"生活"(zu leben)。

美学的实践转化的特点是,向艺术家的模式学习,并在概念上作出区分:在行为的领域中区分学习分辨行动和生活。[115]这个新获得的区分能力首先产生的结果是,对于实践领域的崭新描述。谁向艺术家学习并得知有不同于行动的行为模式,就会看见实践到处,尤其是向下与向上,发散到活生生的生命。不论是在下或在上的层次,实践都要求一种和行动有所区别的概念性。"生活"这个由美学的新描述所获致的结果,不论是在下层的(最基础的描述性的),或是在上层的(最高要求的规范性的),都是实践哲学的概念:"生活"界定了**感动**(Bewegung)和**良善**(des Guten)。

活生生的运动

一种活动的思想,若在行动概念的旗帜下进行,乃是脱离不了道德的魔咒。[①] 所谓行动是指由主体所展开的过程,这

---

① 将尼采对道德的批判视为行动和行动者模式的批判可以参考 Bernard Williams, „Nietzsche's Minimalist Moral Psychology", 收入 *Making Sense of Humanity*, Cambridge University Press 1995, 65—76。对福柯来(**转下页注**)

一过程的出现是主体(有意图)的想法所导致的(逻辑的)结果,两者共同形构了这些过程的根据。于是,行动的概念就意味着主体作为这一过程的"引发者"(Urheber)必须为这一过程负责。"最古老而悠久的心理学莫过于此[……]:所有发生的事都被当成了行为,所有的行为都是意志的结果,这个世界是由多数的行为者造成的,所有发生的事都被归属于一个行为者(一个'主体')名下。"①行动的概念因此被发明出来:我们就不再只是抱怨事情发生的图像,而是针对和"反对"某个人,并会去控诉行动的"主体",将责任归咎于他。因为某人出自某些理由自由地做出行动,他就可能为此受到批评,因为他选择了这个而**不是那个**行动;或者说,他作为猛禽没有护惜(schonen),而是吃了羔羊。

[116]尼采对行动概念的批评有许多不同的说法。其中一种说法是,根本没有主体可以在不同的选择间做出决定,因为每个决定、每个行为,只不过是主体存在的表现:没有

(接上页注)说,尼采的"道德"则是主体化的方式,参见 Michel Foucault, *Sexualität und Wahrheit*, 册 2: *Der Gebrauch der Lüste*, Ulrich Raulff / Walter Seitter 编, Frankfurt am Main: Suhrkamp 1986, 36—46; Martin Saar, *Genealogie als Kritik. Geschichte und Theorie des Subjekts nach Nietzsche und Foucault*, Frankfurt am Main: Campus 2007。

① Nietzsche, *Götzen-Dämmerung*, 91. 有关下文的讨论,参见 Nietzsche, *Zur Genealgie der Moral*, 278—281; 另见 Nietzsche, *Morgenröthe*, 107—109, 及 Nietzsche, *Götzen-Dämmerung*, 77—78。

自由(因为一切都是被决定的)。另外一种说法是,没有主体可以让行为的过程归属于它,因为在"内在的"状态和"外在的"过程之间没有逻辑的关联:没有意向性(因为一切都是因果的关系)。按照这样的说法,尼采对行动概念的批判其实就意味着,由目的所奠基的行动和因果决定的发生过程并没有差别。① 在另外一种说法中,尼采的批判相反地却针对目的论与因果论之选择题的有效性(亦即完整性)本身被瓦解。在这种版本中,尼采并不否认,我们把活动(相对于发生的过程)归属于某人,因为是*他的*活动。他所要反驳的是,这种归属要求如此去理解活动,即它是依循主体的根据来实现他的目的,所以是他的行动。人的活动不能被等同于目的导向的行动。②

尼采第一次试图在"活动"(Tätigkeit)和"行动"(Handlung)间作出区分是在标为"非道德的世界观照的一次尝试"的遗稿中(这个想法不久之后便发展成了"权力意志")(Wille

---

① 参见 Robert Pippin, "Lightning and Flash, Agent and Deed(I 6—17)",收入 Otfried Höffe 编, *Friedrich Nietzsche, Zur Genealgie der Moral*, Berlin: Akademie 2004, 47—64。

② 参见 Hans Joas, *Die Kreativität des Handelns*, Frankfurt am Main: Shurkamp 1992, 218—244。关于尼采的生命概念,参见 Dieter Thomä, „Eine Philosophie des Lebens jenseits des Biologismus und dieseits der 'Geschichte der Metaphysik'. Bemerkungen zu Nietzsche und Heidegger mit Seitenblicken auf Emerson, Musil und Cavell", 收入 *Heidegger-Jahrbuch* 2, 265—296。

zur Macht)。① 要是我们不那么轻忽地面对它,那么这个非道德的世界观照就得是美学的:它一定是"用艺术家的眼光来看"(unter der Optik des Künstlers)②,"用崇拜天才的方式"。[117]③人们会看到的,如尼采以贬低的比喻所描述的:"天才就像盲目的螃蟹,行走时向四方探触,'有时候'会抓到点东西;但是它探触并不是为了要抓东西,而是因为其肢体必须嬉闹玩耍。"④

美学天才让我们得以看见一种特异的活动方式。此方式的首要界定在于,它是"盲目的"(blind):此方式并非被知觉所引导而提供活动者某种知识来把握眼前的对象并能"抓取"(fangen)之。其次,在尼采的描写中埋藏着另一个更深的对美学行为的界定,它质疑这一活动方式是否有意要抓取任何事物,捕捉或达到什么。进行美学的活动并不是为了什么,也不是(如同亚里士多德所指出)为了活动而活动。天才所施行的美学活动,就像螃蟹的运动,仅

---

① Nietzsche, *Nachgelassene Fragmente*(1880—1882),收入 *Kritischen Studienausgabe*,册 9,页 31。

② Nietzsche, *Die Geburt der Tragödie*, 14.

③ Nietzsche, *Nachgelassene Fragmente*(1880—1882), KSA 9, 31:"以前我太过轻忽地试着进行了道德之外的世界观照——美学的(用崇拜天才的方式)。"

④ Nietzsche, *Nachgelassene Fragmente*(1880—1882), KSA 9, 17.

是"因为它的肢体需要玩耍"。美学行为如同行动一般是来自某人的行为,但是与行动相反的是,美学行为不是透过官能来实现主体的目的,而是让它的力量脱离目的而自由活动。

然而,这不仅对螃蟹与天才有效,而且对所有人类行为皆是如此:"依据目的而发生的*行动*(Handlungen)是很少的,大部分的行动只是*活动*(Tätigkeiten)或*运动*(Bewegungen)而已。"①这些从"道德之外"的视角初步探索"活动"的尝试都指向一个概念,即生命:"所有活着的都在动;活动并不为了什么特定的目的,生命就是行为。"②只要人类的活动是活生生(lebendige)的运动,就不能化约为以目的为根据的行动模式。因为对尼采而言,"生命"并非像亚里士多德的传统所说的,[118]是没有自我意识的目的性,而是没有目的的表现③:"无目的的力量涌现。"④

---

① Nietzsche, *Nachgelassene Fragmente* (1880—1882), KSA 9, 33.

② Nietzsche, *Nachgelassene Fragmente* (1880—1882), KSA 9, 21.

③ Friedrich Nietzsche, *Jenseits von Gut und Böse*,收入 *Kritischen Studienausgabe*,册5,页27—28:"生理学家应该要好好想想,是否得将自我保存的驱动力设定为有机体最主要的驱动力。所有的生命体想要的无非是力量的'释放'(auslassen)——生命就是权力意志:自我保存只是其中一个间接的与最常出现的'结果'罢了。——简而言之,不论是在此处或其他地方,小心不要有那些多余的目的论原则!"

④ Nietzsche, *Nachgelassene Fragmente* (1880—1882), KSA 9, 15.

另一种善

从美学的视角,人之行为的活力被发现,而这种角度,反对基于目的的行动模式:当作活生生行为似的,人的行为不是目的的实现,而是力量的表现。虽然尼采有时会这样说,但不表示活生生的运动与根据目的的行动是两种有差别的,甚至截然不同的人类活动的类型。虽然,或者说恰好因运动的活力具有逆流的性质,所以便是通达以目的为基础之行动的条件。

至少在某种情况下这是有效的,即行动的通达施行的根本规定在于创新或发明的能力。虽然我们会说,我们**做出**(machen)发明,但是当我们说到某种更新的时候,我们会说**引入**(einführen)——只有在之前已经有了相应的准备,我们才能跟着改变什么。我们能够做出发明,是因为我们能够让改变发生。实验和"尝试"(Versuch)的概念,蕴含着这样的洞见,即是主动地介入性的行为(制造实验的条件)与被动地接受自发自化的发生的准备必须互相结合。所有的更新都要求对偶然性开放:"'偶然地'(zufälliges)遇合的两个字、一个字、一场戏剧,是一个新念头的来源。"[①]

---

① Nietzsche, *Nachgelassene Fragmente* (1880—1882), KSA 9,17.

[119]"偶然性"这个概念标示的是在那个当下,活动从行动解放出来,并且跨越其目的;此时此刻,人们可以做得比他所想的更多且不一样,比他能做的还要更多;在他的活动中,力量四处玩耍与尽情伸展,他的行为是活生生的(lebendig)。"这些具有未预期成就的行动本来是为了其他的目的而进行的——例如,一只动物在看护他的蛋,突然'食物'或同类生物就出现在眼前。"① 从陈故的角度来看,所有的更新都是突然的、偶然的:不是现有原因的后果或现有目的的实现,反而是在某种陌生的情境下,陌生的对象前,我的力量变得生气勃勃。

然而,这不仅对"无法预期的成就"有效,亦即一种另类目的的发明或者行动的一种完全不同的可能,其实这对所有行动的真正通达都有效,包含我早已熟悉的事。以目的为根据的行动模式将实践通达定义如下:实践通达是目的与行为、原因与后果的符应。我行施我的实践官能,让我的行动得以通达,只要我准确地(别无二心)做我要做的,或者做那些有充分理由该做的事。与此不同,从美学的角度,或者说,从"艺术家的眼光"看人的活动时,在任何实践通达中运作的更新面向显现,包含最日常的和最平常的行为。所有通达隐含着对目的

---

① Nietzsche, *Nachgelassene Fragmente* (1880—1882), KSA 9, 17.

以及早已熟悉之事的超出,无论多么微小,因此便"无法预期的成就"。我们也可以换个方式来说:通达不仅靠才能,还得靠运气(Gelingen ist nicht nur Können, sondern Glücken);①得凭借"适时的"(günstige)偶然性②的介入,它活生生地逾越或潜越了以目的为基础的行动。

[120]借由行动与生命之间的差异就能够洞察到行动之内的差异,或者说,行动在其*自身之内*二分为能够(Können)与偶然(Zufall)(没有这些,行动不可能顺畅),这是尼采行动理论的结论,它是从活生生的运动这一由美学而获得的概念推导出来的。这一结论与行动的道德概念针锋相对,它属于"道德之外的"观看。道德的观看与责任有关,根据我们对道德的理解,责任预设了由主体所追求的目的所实现的行为。道德判断的游戏——责备、究责、惩罚,基于行动的模式,以及目的与行为的对应关系。而且如果活生生的运动是在自我之中,以表现力量的方式施行,但不是借由主体落实行动而施行,那么,因为运动的活力,所有的行动都会伴随着一种不负责任的面向。*因此,道德"审判"*(verurteilt)*了生命。*③ 因为,

---

① Martin Seel, *Versuch über die Form des Glücks*, Frankfurt am Main: Suhrkamp 1995, 87—96.
② Nietzsche, *Nachgelassene Fragmente*, 19.
③ Nietzsche, *Götzen-Dämmerung*, 87.

活力在行动中的面向,将道德上善恶价值的对立自行动中抽离出来。

从道德的角度来看,这种抽离是根本的恶:并非与善相对的是恶,而是反对善恶的区分的恶。因此,道德才会反对活力,并且成了"发明的'阻碍'"(Hinderniβ der Erfindungen)。① 从实践的角度来看,道德本身才是坏的:"只有道德:它使人贫乏,而且不再有所发明",②"道德的人让这个世界枯竭"。③ [121]美学的世界观以另一种善,或者说,以一种善恶之外的善的名义反对道德的善恶二分(这种反对来自活力的意识,来自基于活力中的善)。美学事物的意涵正是这种外于道德之善的概念。

美学的自我享受

现在不妨回顾一下艺术家的模式。尼采在《快乐的科学》中要求我们向艺术家"精微的力量"学习,并且应当将它运用到

---

① Nietzsche, *Nachgelassene Fragmente* (1880—1882), KSA 9, 15.
② 同上。
③ Nietzsche, *Nachgelassene Fragmente* (1880—1882), KSA 9, 14. 另可参考 Nietzsche, *Nachgelassene Fragmente* (1880—1982), KSA 9, 26:"如此有用且让人不舒服,就像一个上了油的钥匙孔。"尼采如此描绘根据道德行动的图像。

我们的生活之中。艺术家的力量在于他们特异的吊诡之能:他们能不能;透过力量的解困,官能逾越或潜越(Unterschreitung der Vermögen)了自身。艺术家运用这样的能力让迷醉的力量解困以做些什么。然而,活生生的力量并非由其自身内部而被规定:"我们活动着,因为一切活着的生命必须有所运动,不是**为了乐趣**,即不是为了目的,尽管乐趣在其中。"[1]这是力量之活生生作用本身所产生的乐趣,因为自己力量的活生生作用自身就包含乐趣或快感。这种伴随自身的乐趣或快感即来自自己力量及其活生生作用的乐趣或快感,在日常生活中只是随之共振(mitschwingt),在迷醉的提升与解困中,在"艺术行为与观看"这一"生理上的条件"中则成为规定性的线索:"人在艺术中享受了自身的完美性。"[2]被提升为活生力量的迷醉状态,一方面善于达成其他的目的,但首先艺术家在此状态中有所享受,因为所有的享受就是评价(Bewerten),所以自己也被判断为善的。在他们充满快感的自我关系中,艺术家开辟了另一种善,亦即不是借由行动而实现目的的善。

[122]尤其悲剧艺术家的形象能表明这一点。悲剧艺术把"丑陋、艰辛、生命的可疑之处揭示了出来"。[3] 为了能掌

---

[1] Nietzsche, *Nachgelassene Fragmente*(1880—1882), KSA 9, 16.
[2] Nietzsche, *Götzen-Dämmerung*, 117.
[3] Nietzsche, *Götzen-Dämmerung*, 127.

握这种艺术的意涵,我们必须追问,悲剧艺术家"关于自身"传达了什么?我们"必须请求艺术家自己来回答",而我们所得的回答是说(尼采在此使用了一种"潜能的隐喻"):"艺术家能……"但艺术家能什么?他总是能够四处玩耍、施展他自己的诸力量,而且让它们迷醉地提升。所谓的"总是",是说,当我们在行动中失败,甚至绝望的时候,也能如此:"悲剧艺术家关于自身传达了什么?他所传达的难道恰好是对他所展现的恐惧和可疑的无惧状态吗?——这个状态自身就是高度地可欲的;谁知道它,就会对他致上最高的推崇。他传达了这个状态,他必须传达,前提是他是个艺术家,是个传达的天才。面对一个引起恐慌的强大的敌人,崇高的厌恶,一个困境,仍能勇敢与自由,这个胜利的姿态是艺术家自己抉择的,是他所尊崇的。面对悲剧,我们的灵魂内部涌现出了战斗的欢娱节庆(Saturnalien);谁习惯受苦,谁追寻苦难,英雄人物用生命成就悲剧。悲剧家自己供应了这杯甜美的苦酒。"[1]

表面上听起来如同激情面对陨落的英雄的英姿所要传递的消息,其实指向美学自我享受。艺术家面对悲剧的"胜利"在于,他面对恐惧的时候,仍然有所"能":悲剧艺术家在他的

---

[1] Nietzsche, *Götzen-Dämmerung*, 151.

官能绝望地失败时,仍然"能"伸展他的力量。他败亡时,仍然生气勃发。

悲剧艺术家所能的,在行动中是不可能的:他能够肯定悲剧性的失败。然而,在行动中,这是不可能的,因为肯定意味着赞成某事将之判断为"善"。但是,悲剧性的失败就是有目的性的、实践性的"善"的失败。因此,在实践性之"善"的意义下,悲剧性的失败不可能是"善的"。若只限定于实践意义的善,[123]悲剧性的失败只会被控诉,最多可以忍受,但绝不会被肯定。对悲剧性失败的肯定,只有在另类之"善"的眼光下才有可能,而悲剧艺术家恰好就"能"如此:他肯定悲剧性的失败,因为他在其中享受了他自己的"完美";因为透过行动之"善"的失败,自我达致了这样的状态,他返回自身,自我判断为"善"。

在《偶像的黄昏》的"不合时宜的逡巡"一章,尼采发展了艺术迷醉和悲剧艺术家的理论,他把歌德视为艺术家自我肯定的典型代表,"他对所有一切都说是",[①]包括那些威胁他的、让他失败的一切。歌德之所以能这样肯定一切,是因为他在善的行动失败时,对于自己活生生力量的伸展状态仍然能当成善的来享受。艺术家能对一切说是,因为他在一切事物

---

① Nietzsche, *Götzen-Dämmerung*, 127—128.

面前能对自身说是。当尼采说人在艺术中享受"自身的完美",这表示对艺术家来说,有一种与行动的善截然不同的**另类之善**,而这种"善"在悲剧性的失败中毁灭自身。艺术家的力量在于从实践之善的权力超拔自身,以投入另一种善,亦即这个"善"就是自身大量提升之力量的游玩、活生生作用的状态。

创造自身

我们要怎么向艺术家"学习"这种力量?在美学的自我享受中自我肯定如何能够获得伦理的意涵?从行动之善的解放如何能够在生活中发生而不仅是在艺术的迷醉中,尤其"在最细微最日常中发生"?什么是善的生活?

[124]为了要从实践性之善的趋向中解放出来,尼采也将此描述为"非道德的人"的计划:"我们这些不同的人,非道德的人,[……]把我们的心胸扩大到可以容纳所有的理解、掌握、**赞扬**(Gutheiβen)。我们不轻易否定,我们以成为一个**肯定者**(Bejahende)为荣。我们愈来愈欣赏那种经济学,它充分利用所有被教士的神圣荒谬与**病态理性**所抛弃的一切,欣赏那种以生命为法则的经济学,它从恶心的伪君子、教士、有德者身上获取利益,——哪些利益?——就是我们自己,我们这

些非道德的人就是答案。"①

非道德的人对于什么是善的回答,朝向某种完美性,它超出实践之善:"答案就在于我们自身。"这种善超出了实践上的善,它是自我之善或将自我作为善。因为歌德是这样一位非道德的人,他能够对一切说是,从实践的善看来是失败、违规、败亡,都还能容纳和运用。歌德之所以能够如此,并不在于投身于实践以及追求实践上的善。反之,他"创造自身……"②所谓创造自身也表示:他创造了自身,创造自身的,有别于诸实践的善。

从艺术家那儿习得的,非道德的人的根本特征在于,激进地进行区分:他分开自己的善、自己的自我的善与实践性的善。他主张,某种善是存在着,这种善不是实践性的,不能被框架在一种借由行动来实现的目的之中。基于这个区分,才出现了与道德性(Moralität)相对立的非道德主义(Immoralismus)。与非道德的人相对立的道德性,不是指某种特定的价值体系或特定的道德。所谓道德的道德性,尼采有时也称之为"伦理性的伦理"(Sittlichkeit der Sitte)③,无非是行动和主体理论的根本模式。[125]这个模式的核心论旨是,在"自我

---

① Nietzsche, *Götzen-Dämmerung*, 87.
② Nietzsche, *Götzen-Dämmerung*, 151.
③ Nietzsche, *Morgenröthe*, 21.

的善"和"实践的善"两个概念之间有不可解消的概念性的关系。诸实践是社会性的,而且道德意义下的善是在社会诸实践*之中*的善行;这种善行不仅是指特定实践中的特殊之善,更是意味着确定参与社会诸实践的一般之善。道德的善意味着,善于作为"群体生活的成员、社会参与的伙伴、合作的伙伴"。① 道德的德行——正义、尊重、谨慎等等——在于一般地参与社会诸实践的能力;培养这些德行、拥有并运用它们,在道德上便定义了"作为人"(按图根哈特[Ernst Tugendhat]的意思)的善行。在此,道德之善在内容上的规定,仅来自或已经来自以善为实践目的的形式规定。因为选择一种目的并实现之,意味着参与社会实践,无论是多么有距离的。目的导向和参与社会诸实践是一体两面的,它们共同构成了道德的道德性或伦理的伦理性。

非道德的批判性计划在于强调,自我之善与社会参与之善之间的非连续性和断裂。这意味着,"创造自身":在反对自己的自我本来作为社会参与者的过程中产生自身。创造自身(Sichschaffen),并不是从无创造自己(Sich*er*schaffen)。我们"应该废弃像'意愿'、'创造'这种狂妄不实的说词"!② 正是

---

① Ernst Tugendhat, *Vorlesungen über Ethik*, Frankfurt am Main: Suhrkamp 1993, 56.

② Nietzsche, *Morgenröthe*, 323.

作为"自我立法者、自我创造者",我们就必须是"关于这世上所有的法则与必然性最好的学习者与发明者"。① 一直以来,一旦我们要创造自身,我们就是主体、社会的参与者。创造自身的意思是,脱离自己的已然状态,把自身作为社会参与者与自己区分开来。②[126]要是我们只以社会实践的参与者为目的,并且能够通达实践;要是我们只能(以"伦理的伦理性")做出善的行动,是一个好的社会实践参与者——那么创造自身就表示,将自己与自己作为社会参与者区分开来,亦即跨出自身作为行动和实践的主体。创造自身也就是忘却行动能力,只有这样,我们才能获得另一种善,亦即在自我享受中开辟活生生力量的善。

这就是非道德的人从艺术家那儿学来的东西。非道德的创造自身的人从艺术家那里学习的是,创造自身意味着自身与自己的区分:区分自身与自身作为社会诸实践的参与者,分

---

① Nietzsche, *Die fröhliche Wissenschaft*, 563.
② 这违背了尼采自己的计划,自我创造对他来说是,赋予生命美的作品的统一性。尼采是这么说的:"天才不将戏剧的力量运用在作品上,而是运用在自己身上"(Nietzsche, *Morgenröthe*, 319);他称"赋予角色'特色'为一种伟大而少有的艺术"(Nietzsche, *Die fröhliche Wissenschaft*, 530)。"统一性"这个目标使生命再度与社会的判准联结,也就此丧失了美学的自由。此外,关于美学自由的政治后果(尼采自己也曾提及;参本章开端),笔者在此无法再论,可参阅 Juliane Rebentisch, „Demokratie und Theater", 收入 Ensslin 编, *Spieltrieb*, 71—81。

别自身与社会诸实践的善,瓦解自己的行动能力,以及导向自己的、反社会的善。非道德的创造自身者向艺术家学习,自己的、反社会的善不是来自于行动的目的,而是来自于排除了行动的目的秩序的活生生状态。从艺术家学习的力量在于区分自我与社会诸实践的善,而在其中借此创造自身——这无非表示,学会行动和生命之间的区分;这意味着学习,生命之善和行动之善有所不同:善的生命不来自于善的行动。一旦生命活生生,那么它就是善的。

重要的是,在此要最后一次说明艺术家所给出的教导。到目前为止,这个课程的内容是:向艺术家学习在实践的官能施行和游戏的力量作用之间作出区分,但同时要比他们"更有智慧",将这一区分落实在生活当中——[127]这个区分两种施行的类型,即行动与运动;两种善的概念,社会目的与活生生状态;社会参与的主体与在享受中创造自身的自我。从艺术家那儿学习,意味着学习这种二分是不可回避的:它不只是内容上的,而且是在善的形式上的区分。于是,善中的二分便不能被扬弃为任何的统一性。

然而,艺术家不只是区分,他们也联结被区分之物。他们把被区分之物当作被区分之物而拿在一起。因此,艺术家与实践主体有所区别,因为他能**不能**,同时也与狄奥尼索斯的野蛮人有所区别,因为艺术家**能**不能。在狄奥尼索斯的野蛮人那里,力量的一种迷醉般的解绑取代了努力取得的实践官能,而这些官能就我们的感受上来说是一种负担,而且在把握上有所不稳定。艺术家则不然,在艺术家身上,自己的官能本身转化为迷醉解困的力量;① 在艺术家的迷醉中,被解困就是他们最高度发展的"象征性"力量。② 因此,艺术家力量的迷醉般的解困也反馈到实践官能的实践施行当中:"利用与认识偶然的人就是天才。"③虽然艺术家并不能运用活生生的力量作用来施行顺畅的行动;此乃因为这种行动不能施行:艺术家**能**不能。但是,因为实践官能就是他们自身,艺术家在迷醉解困的活生生游戏力量中转化,美学的迷醉作用于是重新返回他们的实践和行动之中。根据艺术家的经验,恰好(而且只有)官能的实践施行在活生生的力量游戏的美学中止导致达成所追寻的"善"。

---

① 参见本书第四章"美学化"章节。在艺术创造中维持力量和官能的区分而不扬弃这个区分产生了"伟大的风格"(Nietzsche, *Götzen-Dämmerung*, 119)。参阅 Karl Heinz Bohrer, "Die Stile des Dionysos", 收入 Bohrer, *Großer Stil. Form und Formlosigkeit in der Moderne*, München: Hanser 2007, 216—235。

② Nietzsche, *Die Geburt der Tragödie*, 34.

③ Nietzsche, *Nachgelassene Fragmente* (1880—1882), KSA 9, 26.

向艺术家学习的最后一课,[128]不仅是要学会官能与力量是截然不同的——同样的行动与游戏,行动之善(作为社会目的)与游戏之善(作为活生生自我)也是截然不同——同时还要学习,"行动的善"和"游戏的善"两者虽断然有别,但同时又互相需要。这是因为一方面,力量的活生生游戏之善只有在自我享受的关系中而存在,但只有实践官能的主体才具有这种能力;只有从一定的距离经验自己力量的迷醉的人,亦即只有,如同尼采所说,"游玩"(spielt)这一迷醉的人,才能把这种状态看成是善的。另一方面,官能的实践施行的善只存在于尝试和实验之中;只有被动接受力量之活生生游戏的偶然性的人,在自己的行动上才能真正有所顺畅。谁能拥有这两种善的形式,谁能拥有其中的一种。单独拥有这两种善的形式的一种并不善。一种善的形式依赖于另一种善的形式,同时,一种善的形式的活动,无论是行动或游戏,又对立于另一种善的形式。我们向艺术家所学的,不只是学习善的区分,更是学习区分(善)之善。

产生善的区分的善就是自由:行动与游戏、官能与力量的区分是解放性的。因此,尼采称歌德为"流变为自由的精神"(freigewordenen Geist),① 因为对他而言,歌德代表着一种超出实践之好与坏的"能说是"(Ja-sagen-Können)。如尼采在他

---

① Nietzsche, *Götzen-Dämmerung*, 152.

所出版的最后一本书中所描述的,歌德就是他在第一本书所提出的问题的解答:"此问题在于,如何能够找到与我们的音乐具有同样高度的文化"。早在尼采为《悲剧的诞生》所做的笔记中,他就把有关"音乐剧的意涵的考察"置于"悲剧和自由精神"的标题之下,(而《偶像的黄昏》则随之提供了相应的文本)。① 悲剧的意涵,以及整个美学事物的意涵在于使得如同歌德那样自由的人成为可能。实践意义下的自由在于根据自己对善的判断而有所追求和行动;实践的自由是对善的实现洞见(verwirklichte Einsicht ins Gute)。这种自我经营的理念能否被根据和目的所局限,甚至渗透(他必须被局限和渗透,因为它使得人们被绑在自身的主体性[即在自身的社会参与]上),*而不因此而成为不自由*,这乃是艺术家所提供的教导,也是美学事物之伦理政治意涵的关键。美学经验意味着,摆脱实践自由的自由是存在的,这种自由并不是对陌生强权的屈服,因为它是自己力量之另类伸展的让与。美学归结于人的自由。

---

① "'悲剧和自由精神':音乐剧伦理政治意涵的考察"是尼采在撰写《悲剧的诞生》时期的笔记中的一个标题(Nietzsche, *Nachgelassene Fragmente* [1869—1874], KSA 7, 97)。

附录
力量的习练:一场讨论的后记①

罗名珍 译 何乏笔 校

启蒙的自我批判

"根据启蒙,神话所创造的各式角色形象其实同归一源,他们全都可还原成主体。俄狄浦斯对斯芬克斯之谜的回答——'那是人'——总被人们一再引述,认为它展现了启蒙的原型,不论这指的究竟是某项客观意义,还是某种秩序的

---

① 译注:2014年9月22—23日,台湾"中央"研究院中国文哲研究所举办"力量的美学与美学的力量:孟柯美学理论工作坊",邀请许多台湾学者评论和探讨克里斯托弗·孟柯《力量:美学人类学的基本概念》相关议题,与会者进行了热烈且深入的对话。会后,孟柯撰写本文以响应工作坊的讨论,内容涉及力量美学与中国哲学(尤其是道家哲学)之关系,亦对理解《力量:美学人类学的基本概念》的思考脉络大有帮助。

轮廓,抑或是对恶灵之恐惧,或对救赎之企望。"①启蒙,不论是就其希腊时期或是近代的形态而言,就是"主体思想"——不论其客观实质内容指的是观念、权力或是制度等,启蒙思想将这些客观内涵皆回溯至主体,并以主体为其作者与根源。

启蒙思想将一切回溯至主体,有着批判性的意义。它并不是要解消这些客观内涵,而是要进行区分,要区分假象与真理。任何客观内涵若无法回溯至主体,那就只是假象;反之,若它们实际上是经由主体,或能够经由主体而产生,则为真。从反面而言,将客观内涵启蒙地、批判地导回主体,也就意味着将主体视为生产创造之所在:各种客观内涵都是由主体所致。启蒙所进行的批判性区分,基于一种有关主体权力(Macht des Subjekts)及主体作为权力(Subjekt als Macht)的肯定性理论。在此,"权力"指的是一种能产生或实现的能力(Fähigkeit)。主体的权力是一种官能(Vermögen),借之,主体可以让自己的施行有所通达。主体可以确保"通达"(Gelingen)。启蒙将主体性理解为一种规范性通达的权力(Macht

---

① Max Horkheimer / Theodor W. Adorno, *Dialektik der Aufklärung*, Frankfurt/Main: Suhrkamp 1981,22—23.

normativen Gelingens),而这种使主体得以通达的能力或权力,即"理性"。①

霍克海默与阿多诺所发展的启蒙批判,就是对这种主体概念的批判。他们对启蒙提出的批判性异议在于,主体其实不具有在规范性意义上让自己的诸施行(Vollzüge)有所通达的权力。因此,启蒙批判的形式规定在于发掘、强调与深化一种差异(Differenz)。这并非主体之间的差异,并非差异作为多样性,而是主体"之中"的差异:一方面是主体的权力(其所拥有的能力或官能),另一方面是作为主体的目的及驱动力的通达。对启蒙的批判,要思索的是"通达"和"善"不可化约为被视为主体之权力的官能。若说,启蒙乃是肯认主体为产生之权力,那么对启蒙的批判就是肯认通达需要借助于一种超出主体的权力,或者更精确地说,在此权力中,主体会超出自身。若说,启蒙式批判的根本方式在于,将客观内涵回溯至主体自身,那么对于启蒙的批判,则同时是对批判的批判。

---

① 黑格尔将"方法"之理性,或理性之方法界定为最高的、全然无限的"力量":"它(方法)之所以不仅是最高的力量,或更好地说,是'唯一'且绝对的理性的'力量',并且也是理性最高的、唯一的'驱动力,即透过存在于一切之中的理性来寻得并认识理性自身'",参见 Georg Wilhelm Friedrich Hegel, *Wissenschaft der Logik*, 册 2, Frankfurt / Main: Suhrkamp 1969, 551—552。

然而,对批判的批判仍是批判,对启蒙的启蒙仍是启蒙,启蒙批判并不是要将(启蒙的、先验的)"主体转向"轻易回转,①并不是要以一种前批判的方式撤销启蒙。前批判的方式意味着,将理性诸施行的通达,理解为模拟(Mimesis)所致的成就,即理解为一种善的模仿、追忆、重复或参与,而且主张这种善"先于"一切人类实践存在着,将这种善本身看成"超越的"。也就是说,对批判的批判或对启蒙的启蒙,不是要彻底切断主体与通达的关联性,而是要以不同的方式来思考它。启蒙认为两者的关联性在于,前者的产生与后者的确保。与之相对,对启蒙的批判则探求此关联之中的差异。这里面具有必需连接的双重意义:启蒙的批判指出通达不可化约为主体的官能,或者说,通达超出主体的官能,这里关乎的是主体与通达之间的差异。但另一方面,对启蒙的批判同时也指出了主体之中的差异,而超出主体的通达(das subjektüberschüssige Gelingen)就是从这差异里生发的。正是基于此洞见,对启蒙的批判自身仍是启蒙。启蒙批判同样思索着主体与通达之间的关联性,但对启蒙批判而言,这乃是一种"来自差异的关联"(Zusammenhang der Differenz)。通达

---

① 正因如此,德里达称对启蒙主体的批判为"超先验的"(ultra-transzendental),参见 Jacques Derrida, *Grammatologie*, Frankfurt / Main: Suhrkamp 1974, 107。

乃是立基于主体与自身的差异,即主体不再将自己等同于官能或能力。主体之所以是通达的根据,正因为主体"以无据为据"(Grund als Abgrund)。

也因此,对于通达以及主体之思索,总是使人必须思索两者间的"矛盾"(Widerspruch)(阿多诺)、"两难"(Aporie)(德里达)或"吊诡"(Paradox)(福柯)。① 而关于矛盾、两难以及吊诡的思想同时又有着双重意义:一方面这意味着,批判并解消定义了启蒙的同一性宣称;另一方面这又意味着,且尤其意味着,在构成主体的矛盾、两难与吊诡之中,看到通达的积极条件,此积极条件即在于承受与开展矛盾、两难或吊诡。开展主体之中的矛盾,乃是既批判又肯认的:其批判启蒙错误的同一性宣称,同时肯认一种主体内的运动,而一切所通达皆必从这运动中生发,但"通达"远不只是纯然主体的,亦即,远不是以为客体全是由主体构造而成的:这是肯认主体官能与主体中的他异于主体者(das Andere des Subjekts)之间的矛盾中的运动。遭遇此矛盾会使启蒙将通达回溯到主体性的作法崩解碎裂,然而,此矛盾却正是真正之通达的吊诡的可

---

① 福柯谈到"介于能力与权力之间的吊诡(关系)",参见 Michel Foucault,„Was ist Aufklärung?",收入 *Dits et Ecrits. Schriften*,册 IV,Frankfurt am Main: Suhrkamp 2005,704。此处的三种模式(矛盾、两难与吊诡)并不相同,但对本文的论证而言,三者的差别是次要的。

能性条件(paradoxe Möglichkeitsbedingung wahren Gelingens):这种通达无法回溯至主体官能和能力,相反地,其正奠基于主体的自我逾越或自我舍离(Selbstüberschreitung oder-preisgabe)。

自十八世纪以来,在西方哲学中,此种启蒙的(自我)批判,主要皆是以美学为媒介与场域,而这也符合西方社会、启蒙社会所赋予美学之特殊任务。虽说先前所勾勒的、存在于主体和通达之间的吊诡关系实则具有普遍之有效性——不论是认识的、实践的、伦理的、政治的,还是其他的,此有效性及于各种范畴里的行为——但西方的现代性却始终仅仅视艺术为修养这种使通达得以可能的吊诡的场域。只有在此、在艺术里,此种吊诡才能被看见、被意识到,并被欣然肯认。而也正因如此,在启蒙的社会中,美学也成为了对启蒙提出最激进之(自我)批判的思想场域。因为,美学不只是对艺术的思想,而且是由艺术出发之思想:由于美学借着艺术掌握了吊诡,理解了主体唯有通过自我逾越或自我舍离才能变成通达之所在,从而便获得了关于人类精神与人类实践的洞见,并以此反驳启蒙最为根本的同一性宣称,即作为主体的人是通达的根据。

然而,将启蒙之自我批判联结到美学上,并非必然,而是反映了社会历史的特殊性,这显示着艺术在西方现代社会所达致的特殊地位,即艺术乃是"社会的社会性反题"(die gesellschaftliche Antithesis zur Gesellschaft)①,是艺术在文化中开展着文化之他者。然而,并不是非如此不可。即便是在西方社会中,也还有着艺术以外的其他各种实践,如各种习练、游戏以及生活形式,皆试图开展主体性与通达之间所存在的吊诡关系。② 确实,若先前点出的对启蒙之主体概念的批判乃是正确的,那么根本不"能够"仅由艺术来开展主体性与通达之间的吊诡。因为这种吊诡是普遍存在的:不论何时,只要哪里有所通达或顺畅,就总是一定有这种吊诡。将启蒙的自我批判与美学相联结也因此总是隐含着危险,这可能发展成艺术的拜物教,并因此忽视甚或压抑下面这一事实:没有任何的思想、行动、游戏、信仰、爱,亦即没有任何的生活(不论是多么短瞬或暂时),不是不展开主体性与通达的吊诡。

然而,尤其在西方社会传统"以外"具有一种理解和施行思想与行动的方式,这种方式与西方启蒙将通达化约为主体

---

① Theodor W. Adorno, *Ästhetische Theorie*, Frankfurt/Main: Suhrkamp 1974,19.

② 然而,各种非艺术之实践对吊诡关系的开展,在西方社会中所涉及的问题常是,这些非艺术的实践错失"通达"(Gelingen)的意义:对关乎通达的吊诡是不敏感的。也就是说,问题是在于其"私人主义"(而通达乃是公共的、普遍的)。

及其官能的自我批判,是高度相似的。自从二十世纪初《老子》与《庄子》被翻译以来,尤其道家哲学在德语学界是这样被解读的。虽说对道家哲学采取逃避主义式的、僵化为意识形态的诠解模式最为普及,亦即视道家哲学为启蒙的他者,视之为一种纯粹无主体的哲学(或对这种哲学的追求),符合一种根深蒂固的文化样版,故自启蒙以来,西方社会借此一再思考自己与其他精神和文化传统的关系;[①]然而,卡夫卡、布莱希特与波赫士却代表着另外一种对道家哲学全然另类的接受,他们深入老庄寓言里开展深渊般的辩证。[②] 而任何人一旦能

[①] 何乏笔在他对毕来德(Jean François Billeter)著作的精准而耐心的议论中,深入探讨将西方"主体性"对立于中国的"无主体性"这一传统的对立关系所造成的深远影响。参见 Fabian Heubel , " Entdramatisierung der Subjektivität. Über das Buch Zhuāngzǐ als Quelle für eine Demokratie der Zukunft", *Bochumer Jahrbuch zur Ostasienforschung* 38, München: Iudicium 2015,63—88(中文版:何乏笔,《气化主体与民主政治:关于〈庄子〉跨文化潜力的思想实验》,收入《跨文化漩涡中的庄子》,何乏笔主编,台湾大学人文社会高等研究院东亚儒学研究中心,2017 年,页 333—383)。在此,何乏笔指出了诠释道家经典的一些不同可能。我将会在下文中讨论其中的一些主题。我的焦点首先在于,指出有关西方思想之另一面的补充论证。如同现代美学传统所显示的,将西方思想与主体性原则划上等号,正如同将道家思想等同于一种无主体性之学说,一样是过分简化。然而,若对启蒙思想的主体性化约所提出的(自我)批判,根本上亦是西方思想的一部分,那就能够开启各种崭新的相互学习的可能性。

[②] 参见 Heinrich Detering, *Bertolt Brecht und Laotse* ,Göttingen: Wallstein 2008;Joyce Carol Oates, "Kafka's Paradise", 收入 *Hudson Review* 26(Winter 1973/1974),623—646。

够不再以那种过简的方式将西方等同于启蒙思想,并且见到启蒙的(自我)批判对自身之影响,那么道家哲学作品对其所呈现出的样貌,必也是全然不同的:道家哲学不意味着主体性与官能之单纯阙如,"无为"(Ohne-Tun)并非意味着不行动或彻底的"不为"(Nicht-Tun),而是要以彻底"另类的方式"行动或有所为。对卡夫卡、布莱希特和波赫士而言,《庄子》《老子》的各个寓言,乃是一种不断更新的尝试,旨在描述并理解一种经验、一种推动着这些作者自身的经验,即真正的通达来自主体内之异于主体者所发挥的作用。

"臣之所好者,道也,进乎技矣。"(您的臣仆所喜好的是超越单纯[技]能的"道"。)①

"三十辐,共一毂,当其无,有车之用。[……]故有之以为利,无之以为用。"(三十根辐条汇集到一个毂当中,有了车毂中的无有,才有车的使用。所以"有"造成盈利,"无有"造成使用。)②

---

① "Was Euer Diener liebt, ist der WEG, der bloßes Können überschreitet",收入 Zhuangzi, *Das Buch der Spontaneität*, Victor H. Mair, Stephan Schumacher 译, Oberstdorf: Windpferd 2006, 66。

② "Dreissig Speichen treffen auf eine Nabe: gemäß ihrem Nichtseyn ist des Wagens Gebrauch. [……] Drum: das Seyn bewirkt den Gewinn, das Nichtseyn den Gebrauch", Laò Tsè, *Taò Te King*, Victor von Strauss 翻译、导论及评注, Leipzig: Friedrich Fleischer 1870, 51。

力量与习练

2014年9月,何乏笔邀请我到台湾"中央"研究院中国文哲研究所讨论《力量》一书,经由与许多汉语和德语学界知识分子进行详尽且深具启发的讨论,对如何理解此种辩证表现出了共同的兴趣,包括"辩证"概念在此的适用性问题。讨论的出发点,是我将"力量"理解为一个"美学人类学的基本概念"。① 在此,我想继续探讨这场讨论中的两点。我并不是要为先前提出的问题及谜题给出答案,而是要强调这些问题的重要性,并且为未来的讨论做准备。

如同先前勾勒的论题,一切真正的"通达",都仰赖着"主体之中异于主体者"(das Andere des Subjekts im Subjekt)的作用,但这至少引发了两个问题:何谓主体中的异于主体者?而这异于主体者又是如何、以何种方式在主体中发挥作用(或者,主体是否让其发挥作用)?倘若我们要将这在主体内而他异于主体者称之为主体的"力量(Kraft)"(如同我借由援引十

---

① Christoph Menke, *Kraft. Ein Grundbegriff ästhetischer Anthropologie*, Frankfurt am Main: Suhrkamp 2008. 我在此书中仅约略提及的艺术理论之主题与构想,后已有进一步发展,参见 *Die Kraft der Kunst*, Berlin: Suhrkamp 2013。

八世纪的数种美学理论所建议的那样),那么上述两个问题提出的是两项要求:要求力量概念更为精确的界定,并且说明何谓力量的运用与习练。

(一)力量:要能在概念上界定力量为何,就需要知道力量不是什么。力量乃是一种作用力,此作用力"不是"如同主体之官能或能力那样是规范性的,因此有着自我意识。此种力量所"不是",亦即主体官能的"无"(das Nicht),点出了经验此力量的第一种方式:此力量最先被我们经验为一种反力(Gegenkraft),一种在我们实现自我的官能时,因为与之逆反而与之发生作用。如同书法家提笔运墨于纸时,纸面为其恣意而行之流动造成阻抗。① 如庖丁之刃,其拆解牛体时,逢筋脉骨头之坚硬,致使刀钝。② 亦如诗人"对抗着天生的躁动不安与自身独特之多变性,对抗着一切特定立场的自然瓦解与散失"。③ 力量,乃是物质性的反力(Gegenkraft der Materialität),借此,人的一切作为便实现了。

或者说,力量之作为反力乃是自然的:若自然指的是"由

---

① 参见林俊臣,《"如见其挥运之时"——书法临摹的他者问题》,载《国文学报》,第70期(2021年12月1日),页145—174。

② Zhuangzi, *Das Buch der Spontaneität*, 66.

③ Paul Valéry, "Antrittsvorlesung zum Kolleg über Poetik", 收入 *Zur Theorie der Dichtkunst*, Kurt Leonhard 译, Frankfurt am Main: Suhrkamp 1987, 218。

自身而然"(von selbst)或"如其所然"(selbst-so)。[①] 对主体而言,力量作为反力是自然的,亦即,对欲以拥有之官能而要行动之主体的角度和经验而言,力量的反力是自然的。因此,我们必须追问力量的自然性为何:就何种意义而言,力量乃是自然的? 或反之而言,在力量的作用和我们对力量之经验中的自然(Natur)究竟是什么?

在初始将力量经验为反力时,自然乃是一种外在的阻碍:它是阻碍我们的目标实现、抗拒着我们的对象物。所有主体的作为都包含着此种原初经验,而启蒙式的主体概念,即是从此种原初经验里得出其对于自然之"概念",对启蒙而言,自然仅是如此:自然乃是主体认知的、加工的客体,主体借此克服自然之对抗。但若我们将此种对于反力之经验,视为经历到力量之"开端",或者说,力量"首先"是作为反力而被经验到,那么也就隐含着对另一种自然的视角,即对反力的经验乃是自我转化的开端,而自我的转化同时也就是自然的转化。在对力量的经验中,自然本身会变成另外一种自然。

我们对力量最初的经验,始于我们对反力的经验。亦即,对力量的经验始于主体遭逢物质所带来的阻碍。反力造成的转化经验指的是,外在阻碍会转变成内在条件,反力也从而转

[①] 在此,我采纳了刘沧龙和宋灏(Mathias Obert)提出的建议。

变成主体的力量：成为一种相逆于主体，但在自我"之中"发生作用的力量。它成为一种力量，它在自我之中的作用是如此之强，以至于超出了其作为主体的形态，并因此使得自我能以一种不同的方式活动。若无反力，就没有自我的力量，自我的力量乃是"迎向"反力的力量（die Kraft zur Gegenkraft），是将阻碍主体之物，纳入自我。力量总是接受的力量，此力量的被动性是根本的。这是一种主导着真正的、通达的活动的被动性：如同车轮的中空或"无"，是使其可用之条件。收纳反力、将之转换为自我之力量，就是将物质性的种种阻碍与限制转化为通达的"条件"："先前说到的不稳定、无条理、不一致，虽说是精神进行融贯的建构与构思时的种种阻碍与限制，但它们对精神而言，也同样意味着各种珍贵可能性。[……]它们是能满足精神一切期待的藏储，让精神有理由怀抱着希望，相信解决之道、符号、意象，或那一个还缺了的字，其实就在比自己所见更近之处。在其混沌困惑中，精神总是能够依稀预见它正在寻索的真理或决定，因为它知道，真理和决定皆取决于一种虚无（Nichts），取决于那看似永无休止地使其分神、使其远离其所寻索着的无意义的烦扰。"[①]

[①] Valéry, "Antrittsvorlesung zum Kolleg über Poetik", 218. Menke, *Die Kraft der Kunst*, 对此有更详尽的讨论。

在将阻碍之力转化成条件时,在将使活动受限的反抗力转化为使主动性可能的被动性时,力量一直还是一种相对于主体及其官能的反力。这是说,它一直仍是自然的,仍是"如其所然"(Selbst-so)。然而,自然却在这转化过程中成了另一种自然。当力量在主体的行动中,作为内在于主体而反施于主体的作用力时,自然便不再是外在对象,而是一种内部的条件。谁若以此种方式活动,就是在自身之中让自然存在之物发生作用。作为力量的作用,自我的活动非他,而是自然性和物质性的自发活动,而自我的活动在其中施行:"官知止而神欲行。依乎天理,[……]因其固然。[……]以无厚入有闲,恢恢乎其于游刃必有余地矣。"①

然而,上面的描述引致一个问题:美学人类学范畴的"力量",其为在主体中而异于主体者,②与自然哲学范畴的"气",其为自然之能量,或作为能量之自然,两者之间的关系为何?

---

① Zhuangzi, *Das Buch der Spontaneität*, 66. 德文翻译:"Die Wahrnehmung meiner Sinne hört auf, und mein Geist fließt, wie es ihm gefällt. Ich passe mich der natürlichen Maserung an[……]. Indem ich der ihm eigenen Struktur folge, stoße ich niemals auf das kleinste Hindernis."(我的感性知觉停止了,而我的精神如其所好流动着。我顺应自然的纹理[……]顺应它自己的结构,从不会遇到任何障碍。)

② 正因如此,我在《力量》一书中说,力量这一范畴定义的乃是"人"的概念——人的概念不同于主体的概念。

若说自我的力量乃是反力,它在自我的活动中逆于自我及其官能而作用,并由阻碍转化而成为促成之条件,那么力量也就是接受性或被动性的力量,它是使人被动承受物质性或自然的主动力量。也就是说,自我的力量,预设了自然之能量或作为能量的自然。没有此种自然的能量(或作为能量的自然),(自我的)力量根本是无从思考的。

不过,这也反过来意味着,自然之能量,或作为能量之自然,也只有透过自我之力量才可思考。在力量的过程中,自然才"成为"能量;让主体之自我转化成为可能的气,同时也是主体之自我转化的效果。所以,气并非一种(形上学的或本体论的)原则,若此原则指的是某种最根源者、最初者,那么其始终自存并承载万物。或者说,若让某物成为可能的原则,某物也同时建立起来,气才可能是"原则":这是一种回溯式的产生(retroaktive Hervorbringung)。自我转化回溯式地产生让它成为可能之物。"起源即目的"(Der Ursprung ist das Ziel);①只有在目的之中,才有作为起源之起源;借由过程起源才成为起源,起源才被产生。这也就是说,本体论是伦理的(或美学的)。对于借自我超越而转化的主体而言,这不只关乎其自

---

① 这是本雅明(Walter Benjamin)对 Karl Kraus 之摘引:Benjamin, *Gesammelte Schriften*, Rolf Tiedemann / Hermann Schweppenhäuser 编, Frankfurt am Main: Suhrkamp 1977, 章 I, 701; 章 II, 360。

身,而且关乎整个世界。① 自我转化的主体,产生另类的世界,因为在产生的过程中超出作为产生者的角色,因而自己成为另类的主体。

若此论证是正确的,那么将力量理解为人类学或自然哲学的选择题则是错误的。因为此两种选择题所依据的哲学概念,同样都被美学和道家所反驳。被反驳的即是作为知识(Wissen)的哲学概念,而希腊哲学一旦把实践看成 theoria,亦即一种观视(对"庆典"或神性秩序的观视),就构成了这种哲学的概念。② 我们刚才看到了力量与能量两概念的内在关联(即力量的概念),以及自然的能量或自然作为能量之间的关联。此关联恰好在于,自我的力量如同自然的能量,并非是描写理论知识的对象。这乃意味两者都关连到自我转化的过程。借这两种概念经历此过程的人描写自身以及世界。因此,这些概念所表达的是自我转化的过程;它们的意义是表现性的(expressiv)。这恰好"不"是说,它们仅具

---

① 基于此原因,因为对主体而言,这关乎"整体",所以何乏笔把力量的思想看成是"形而上学的",参见 Fabian Heubel, „Kritik als Übung. Über negative Dialektik als Weg ästhetischer Kultivierung", *Allgemeine Zeitschrift für Philosophie*,卷 1(2015),68—70。

② 参见 Joachim Ritter, „Die Lehre von Ursprung und Sinn der Theorie bei Aristoteles",收入 *Metaphysik und Politik. Studien zu Aristoteles und Hegel*, Frankfurt/M.: Suhrkamp 1969,9—33; *Die Kraft der Kunst*,章 II.1 有更为详尽的讨论。

有相对的有效性,而是说,唯有转化自我的人,才能理解这两个概念的真理并能使用之。我们可以借维根斯坦这么说,要学习使用"力量"与"气"这两个语汇,要施行"力量"与"气"的语言游戏,亦即,这种使用无他,而是转化自身的活动:施行"力量"与"气"之概念的使用就是一种转化性的自我习练。

(二)习练:力量与自我转化两者之间内部的、建构性的关联性在于,主体的自我转化预设了力量;或较准确地说,自我转化,乃是一种将力量设定为前提之举动(der Akt der Voraussetzung der Kraft)。而这又有着双重意义:借自我转化,力量被"设定"(gesetzt)为让自我转化成为可能的先行条件。我们刚才看到了,一旦将力量理解为可能的先行条件,这也必定意味着不能把力量局限在自我的内部,而需要让力量连接到作为世界之部分的自我,因而连接到世界,连接到自然而然存在的,或作为"自然"的自然世界。然而,在预设力量时,即在把力量设定为某种先行前提时,还隐含着第二个问题:力量作为自我转化的先行(设定)(Voraus[-setzung])与力量借由自我转化而被(先行)设定([Voraus-]Setzung),不是相同的力量。在自我转化的过程中,力量似乎自我二分,或者说在自身中发生转变,而这里的奥秘之处,就是在自我转化中发生"力量的变化"(Verwandlung der Kraft)。[①]

力量之自我二分在于,其二分为一种先行者(Voraus)与一种设定(Setzung),指的是:首先,力量是自我转化的条件,它使自我转化成为可能。所以,力量先行于自我转化所转化和超出之物(主体及其能力和官能)。力量乃是开端,初始时必须要预设为既与(gegeben)存在者,唯有在此前提下,才有可能生成那经由社会化习练而成的主体和在自我转化中超出自身的自我。也就是说,力量乃是"先于"文化的自然。但另一方面,力量却是目的,它在主体的自我转化中并借此主体的自我转化而得以出现。因此,力量不是"自然"(von selbst)自行生存的,而是"生成物"(das Gewordene),或者更适切地说,力量是"生成者"(das Werdende)。若一开始给予的力量是自然的,作为生成者的力量则是美学的。借由主体之自我转化的力量生成乃是力量的

[①] 在此,我主要参考了下列文章的想法及对我的批评意见:钟振宇,《道家的气化与规范——孟柯力量美学的启发》,载《中国哲学与文化》(第15辑),上海古籍出版社,2017年;何乏笔,《气化主体与民主政治:关于〈庄子〉跨文化潜力的思想实验》;刘沧龙,《自然与自由——庄子的主体与气》,载《政治大学哲学学报》,第35期(2016年1月),页1—36;Fabian Heubel, "Kritik als Übung. Über negative Dialektik als Weg ästhetischer Kultivierung", *Allgemeine Zeitschrift für Philosophie*, 40.1, 63—82(中文版:《批判与工夫:以否定辩证法为美学修养之道》);赖锡三,《〈庄子〉的美学工夫、哲学修养与伦理:政治的转化——与孟柯的跨文化对话》,载《文与哲》,第28期(2016年6月),页347—396;林俊臣,《"如见其挥运之时"——书法临摹的他者问题》,载《国文学报》,第70期(2021年12月1日),页145—174。

"美学生成"(Ästhetisch-werden),也就是力量的美学化。

这种力量(之中)的差异,我们可以初步在内容上界定:力量作为自然的(natürlich)、一开始被给予的,因而"先行设定"的力量是否定性(Negativität)的,是中断自然秩序与自然法则的自然力量,是自然里的"虚空"或"间隙"。[①] 若没有这一间隙、没有这一自然而然地被给予的、在自然中存在的自由空间,就不可能形成任何官能,也就不能形成主体。倘若在自然里,没有这自然地中断自然的力量,就根本不会有任何容得下人类和种种人为、文化秩序的空间(与时间)。但是,同时,作为否定性的自然力量,在其所促成的自我转化的过程中,也会转变为另类力量。力量成为美学的,这是说,它成为通达的非主体性的可能性条件。在主体的自我转化中,力量将成为肯定性的。

自我转化的深度于此处才得以显现。就其表层意义而言,自我转化似乎就是超出社会塑成的主体性,主体的自我转化所实现的洞见在于,真正的通达不是或不仅是借由社会学

---

① 关于自然里的"虚空的形式",参见 Claude Lévi-Strauss, *Die elementaren Strukturen der Verwandtschaft*, Frankfurt/Main: Suhrkamp 1981, 80—81。"自然之间隙"乃是阿多诺的用语,参见 Adorno, *Probleme der Moralphilosophie*, Frankfurt/Main: Suhrkamp 1996, 151;另见 Christoph Menke, „Die Lücke in der Natur: Die Lehre der Anthropologie", 收入 *Merkur*, 第 68 期(2014 年 12 月),1091—1095。

习之主体官能及其施行的成果。基于此,更深入而言,自我转化就必然是指经验到、开展出某种"加进来的什么"(ein Hinzutretendes),它不属于那些主体习得之官能,但也正因如此,而成为主体自由之条件。① 在自我转化的过程中,主体的力量将会转变。

借此,自我之"技能"(Können)亦有所转变。转化始于主体。主体的"技能"乃是主体借社会化的、规训化习练所得的官能;主体的技能,乃是能执行社会定义的、社会预先形塑的种种施行。然而,借由超出主体性的转化,自我获致了另类的技能。转化自身的自我是借"加进来的什么"而有所"能";自己的技能本身,将会包含一种作为"加进来"的要素的力量,或者说,自己的技能"就是"一种"加进来"的要素。这是说,转化自身的自我之所以"能",是因为他"任让"一些什么(etwas läßt),因为他能让那不清楚的什么加进来。他所能的即是任让。

让我们在此厘清上述界定包含着哪两个彼此区别但又互

---

① Theodor W. Adorno, *Negative Dialektik*, Frankfurt / Main: Suhrkamp 1973, 227—228:"那加进来的什么(das Hinzutretende)是一种冲动。这是某一时期所余留下来的,在那时,心灵之外或之内的这种二元区分还没有僵化。……这冲动既是心灵的,又是身体的,其超出意识之领域却又归属此领域。借之,自由方才进入经验之中。"

不可分的面向。"转变"是既双重又单一的。之所以是双重的，是因为它一方面指的是主体"与"内在于主体中的非主体者之"关系"的变化，指的是自我与自身力量之间关系的变化。而另一方面，变化指的是力量"自身"的变化，是力量作为某种使通达得以可能的加进者之变化。转化了的"能"，有着刚刚谈到的两个面向：第一种变化指的是，自我能够任力量加进来，第二种变化指的是，力量能够加进到自我之"能"。两种变化乃是同一种，它们是一体之两面。因为，自我之所以能够让力量加进来，"是因为"力量从一种单纯为中断性的、仅具消极解放意义的面向（negative Befreiende），转变为一种加进来的、肯定性的促成者；是因为力量已经成为美学的。而同时，力量之所以能够变成一种促成之加进者，"是因为"自我能够任其加进自我之中。"力量的美学生成"（Ästhetischwerden der Kraft）与"自我之技能的美学生成"（Ästhetischwerden des Könnens des Selbst）是相同的：因为这种技能成为一种能让某物加进来的技能。

正如所有的技能都是习练的结果，这种新的、另类的技能亦然。作为主体官能的技能，乃是规训习练的结果，借由规训习练，主体学会符于各种社会承认之规范，而（对加进来者）"任让"的技能（Können als[Hinzutreten-]Lassen）则是美学习练的结果。假如（如同我们刚才所看到的）技能的美学化同时意味着力量的美学化,那么前者与后者都是一种习练的结果,或更精确地来说,是习练的施行。主体的自我转化乃是一种另类力量关系的习练,但这意味着,主体的自我转化必定同时也是力量的习练(这是从前文所描绘的论证可以推论的)。

"力量之习练"(Übung der Kraft)这一组语词乃是吊诡的。也就是说,它结合互不兼容之物,但此结合并非任意,而是必然。我们必须思考力量之习练,但一开始却又不知要如何思考。① 因为习练的概念与实践,都涉及官能,而官能的定义就在于,它使主体能够依循种种有社会约束力之规范,进行自我定位。各种习练都是一种过程,主体借此过程产生自我定位的能力,而在此过程中,一开始仍然没有能力的自我便遇上了一个代表社会规范的权威(Instanz)——无论是老师或是"大师";而社会规范对自我主张其有效性,并且从外部一再纠正自我的行为,直到自我学会了自己这么做,或是由内而发地这么做为止(或者说,直到自我变成了主体为止)。倘若,如此定义习练,那就不可能有"力量之习练",因为,力量,就是超出借由习练而产生之主体性的力量。相反的,主体化的习练就是力量的压抑、限制,或规训化。

---

① 我在此记下研讨会中各论文所提出的有建设性的疑惑。接下来,我将试着解释这些问题,但这仅是暂时性的,尚需进一步思考。

这似乎将导向一种结论:我们或许应该要试着如此解开"力量之习练"这一吊诡,即试着思考某种与规训化、主体化不同的"另类"习练。也就是说,我们应该要克服对于规训习练的偏狭执着,而探索习练的另类文化形式(或许尤其要在其他文化传统里寻找)。然而,这种另类的习练方式究竟在概念上是否"可能"?问题是,假如有一种习练的理念,它不是等同于施行主体朝向社会规范的能力,这种习练的理念必将是漫无目标与方向的。因为,倘若如此,一切习练所必需的重复(Wiederholung)及其规律性,该从何得到形式与判准?一种毫无规范的习练实践,岂不是空洞的?此种习练的理念不也同样空洞?

与此不同的另一种思考方式是,我们不要把"力量之习练"这一组语词当作是一个公式,指另类于规训式习练的习练,而是要把它当作一种提示,提醒我们在一切规训式习练之内皆有的反面或底面:"任何"习练,即便是看似纯然规训式的习练,都同时是另类习练,是力量之习练。(也就是说,其实并不存在着"纯粹"规训式的习练。)而这就意味着,力量作为超出那借习练而形成的主体性的力量,同时也已经是使一切官能得以被习练的条件或预设;没有力量的作用,就根本不会有任何习练。一切的习练都是为了要发展某种官能,而习练中的重复也因此才有依循之方向。然而,一切的习练同时也都必须不断地设定并肯认那根本使它得以可能之物,而习练之所以可能,正是那唯有透过力量之作用才敞开的"自然之间隙"。以主体的规训式发展为目标的重复,在其背面同时是让力量发生作用的任让。也正因此,在所有的习练中都包含着某种要素,就此要素而言,官能的规训化与力量的自由游戏实则无法相互区分,两者似乎交相渗入。① 也正是因为"所有"发展官能的习练,同时是力量发生作用的任让,正因为所有的习练都既是对力量的压抑,"也是"力量发生作用任让,才有可能存在着两种习练。我至今都将它们分别称为"规训的"与"美学的",但现在我们看到,这一对反乃是不对称的。因为它指的并"不是"官能之习练与力量之习练之间的对反关系。无论是官能的纯粹习练或力量的纯粹习练都不可能存在。所有的习练都同时是两者。只是有些习练知晓并开展这一道理,有些则不知并且压抑之。所有规训式的习练,都以促进官能

---

① 在《热情·顿巴斯交响曲》(*Enthusiasmus/Sinfonie des Donbass*)(苏联1930)这部电影中,吉加·维尔托夫(Dziga Vertov)将此要素呈现为习练的不断重复(übende Wiederholung)所包含的纯机械性的要素:因为采矿的艰辛工作而身处地底锻炼着的劳动男女,在如芭蕾般不断重复的动作里,获致了采矿必要之官能。无休无止地,这些动作不停重复,像是遗忘了自身的目的,仿佛就要从全无意义的规训忽然转变为自由游戏的无意义性。若我们以电影来想象庄子对庖丁的描述,庖丁数十年来,习练地重复着那永远相同的切割拆解,一定看来十分相似。在某一时刻,规训与闹剧(Slapstick)将难以彼此区分。

的主体性为目的,如此规训式的习练逆反于力量的作用,亦即逆反于在一开始让这些习练成为可能之物。它们驳斥让它们成为可能之物,因此隐含自我毁灭的可能。因此,它们是病态的。反之,美学习练则既习练官能,"亦"习练力量:它们一方面发展官能,另一方面让力量发生作用。[①] 或者,较准确地说,美学习练发展官能的方式,同时也使官能能逆反自身。亦即,一方面,美学习练"赋权"(ermächtigen das Subjekt)于主体,另一方面,从一开始又从主体收回业已提供主体的权力。美学习练是逆自身而工作。若说规训式的习练乃是矛盾的(widersprüchlich),那么美学的习练则是"反意志的"(widerwillig)。美学的习练面对官能与力量既相对立又相依存的吊诡时,与规训式习练的自我毁灭恰好相反,规训式的习练否定吊诡(也因此自我矛盾),反之,各种美学习练则"施行"吊诡,亦即美学习练进行规训之中具有反力的意识。

展望:革命的革命

启蒙是革命的思维,而革命是启蒙的行动。启蒙对主体

---

① "习练"因而在此变为双义。对"官能"与"力量"而言,"习练"并不相同,但两者又不迥然相异,更是既相对立,又相结合。

与通达的同一性命题,呼应着革命对于自由与统治的同一性命题。据之,下面两者应结二为一:推翻了君主帝王之权位而能自治的人民,在此自治中应是自由的。自律概念许诺着,当治理的主体与自由的主体是同样的主体,自由与治理将会结合。然而,此许诺将在经验中崩溃,并形成以下的洞见:自我治理的自由,同样也可能伴随着统治及压迫的极大暴力。

就如同美学对启蒙的自我批判并非反启蒙,革命的自我批判也不是反革命或保守反动。美学所教我们的是,要克服规训化之病态,亦即要克服主体性之病态,"唯一"的方法就是,规训或主体性必须要能觉察到,究竟是什么最先使其自身得以可能。如此,另类的习练也才成为可能。习练的运行法则是"施行吊诡"(Vollzug des Paradoxes):"经过"让官能得以可能的规训习练,达致其反面,即力量的美学化。此处的任务是,以同样的方式来思考政治革命。如此,革命政治(revolutionäre Politik)的公式就应该是:"经过"政治的治理达到其反面,即达到使每个个体都能进行自我转化的美学自由。经过了自我批判的启蒙,要求着一种革命的革命。

译者说明

本书由翟灿(前言、第一、二章)、何乏笔(第三、四章)、刘沧龙(第五、六章)三位教授合译,何乏笔负责统一翻译词汇及校订工作。校订过程中,林淑文博士亦提供了许多重要协助。

德文本在引用参考资料时,采用尾注和脚注的混合格式,中译本均改为脚注格式。

此外,德文斜体部分,中文均采用楷体。

汉德译名对照表

被动性 Passivität

表达 Darstellung

表现 Ausdruck

表象 Vorstellung

不可确定性 das Unbestimmbare

刺激 Reiz

吊诡 Paradox

改变 Änderung

感触 Rührung

感动/运动 Bewegung

感性表象 sinnliche Vorstellung

感性事物 das Sinnliche

感知 Perzeption

个体化 Individualisierung

官能 Vermögen

规定 Bestimmung

规训化 Disziplinierung

行动 Handlung

行为 Tun

赫尔德 Johann Gottfried Herder

活动 Tätigkeit, Aktivität

活化 Belebung

活生生的 lebendig

接受性 Rezeptivität

康德 Immanuel Kant

快感/愉悦 Lust

力量 Kraft

利特尔 Joachim Ritter

马林·梅森 Marin Mersenne

美好的生活/良善的生活 gutes Leben

美学 Ästhetik

美学化 Ästhetisierung

美学生成 Ästhetischwerden

美学事物/美学性 das Ästhetische

孟德尔颂 Mendelsohn

能/能够 Können

逆反 gegenwendig

逆流 gegenläufig

品味判断 Geschmacksurteil

人之自然本性 Natur des Menschen

施勒格尔 Friedrich Schlegel

善 Gut

善行理论 Theorie des Guten

审美 schön, das Schöne

审美性 Schönheit

施行 Vollzug, vollziehen

实行 Ausübung, ausüben

实行 Ausübung

实践 Praxis

实体 Substanz

事件 Ereignis

苏泽尔 Johann Georg Sulzer

通达 gelingen, das Gelingen

维兰德 Christoph Martin Wieland

无据 Abgrund

习练 Übung

席勒 Friedrich Schiller

想象 Einbildung

协调一致 Zusammenstimmung

形象 Gestalt

一般性 das Allgemeine

幽暗 dunkel

幽暗美学 Ästhetik des Dunklen

运动/感动 Bewegung

主动性 Aktivität

转化 Verwandelung

自发性 Spontaneität

作用 Wirkung

"轻与重"文丛(已出)

01 脆弱的幸福　　　　[法]茨维坦·托多罗夫 著　　孙伟红 译
02 启蒙的精神　　　　[法]茨维坦·托多罗夫 著　　马利红 译
03 日常生活颂歌　　　[法]茨维坦·托多罗夫 著　　曹丹红 译
04 爱的多重奏　　　　[法]阿兰·巴迪欧 著　　　　邓　刚 译
05 镜中的忧郁　　　　[瑞士]让·斯塔罗宾斯基 著　郭宏安 译
06 古罗马的性与权力　[法]保罗·韦纳 著　　　　　谢　强 译
07 梦想的权利　　　　[法]加斯东·巴什拉 著

　　　　　　　　　　　　　　　　　　　杜小真　顾嘉琛 译
08 审美资本主义　　　[法]奥利维耶·阿苏利 著　　黄　琰 译
09 个体的颂歌　　　　[法]茨维坦·托多罗夫 著　　苗　馨 译
10 当爱冲昏头　　　　[德]H·柯依瑟尔　E·舒拉克 著

　　　　　　　　　　　　　　　　　　　　　　张存华 译
11 简单的思想　　　　[法]热拉尔·马瑟 著　　　　黄　蓓 译
12 论移情问题　　　　[德]艾迪特·施泰因 著　　　张浩军 译
13 重返风景　　　　　[法]卡特琳·古特 著　　　　黄金菊 译
14 狄德罗与卢梭　　　[英]玛丽安·霍布森 著　　　胡振明 译
15 走向绝对　　　　　[法]茨维坦·托多罗夫 著　　朱　静 译

16 古希腊人是否相信他们的神话

　　　　　　　　〔法〕保罗·韦纳 著　　　　　张　竝 译

17 图像的生与死　〔法〕雷吉斯·德布雷 著

　　　　　　　　　　　　　　　　　　黄迅余　黄建华 译

18 自由的创造与理性的象征

　　　　　　　　〔瑞士〕让·斯塔罗宾斯基 著

　　　　　　　　　　　　　　　　张　亘　夏　燕 译

19 伊西斯的面纱　〔法〕皮埃尔·阿多 著　　　张卜天 译

20 欲望的眩晕　　〔法〕奥利维耶·普里奥尔 著　方尔平 译

21 谁,在我呼喊时　〔法〕克洛德·穆沙 著　　　李金佳 译

22 普鲁斯特的空间　〔比利时〕乔治·普莱 著　　张新木 译

23 存在的遗骸　　〔意大利〕圣地亚哥·扎巴拉 著

　　　　　　　　　　　　吴闻仪　吴晓番　刘梁剑 译

24 艺术家的责任　〔法〕让·克莱尔 著

　　　　　　　　　　　　　　　　　　赵苓岑　曹丹红 译

25 僭越的感觉/欲望之书

　　　　　　　　〔法〕白兰达·卡诺纳 著　　　袁筱一 译

26 极限体验与书写　〔法〕菲利浦·索莱尔斯 著　唐　珍 译

27 探求自由的古希腊　〔法〕雅克利娜·德·罗米伊 著

　　　　　　　　　　　　　　　　　　　　　　张　竝 译

28 别忘记生活　　〔法〕皮埃尔·阿多 著　　　孙圣英 译

29 苏格拉底　　　〔德〕君特·费格尔 著　　　杨　光 译

30 沉默的言语　　〔法〕雅克·朗西埃 著　　　臧小佳 译

31	艺术为社会学带来什么		
		[法]娜塔莉·海因里希 著	何 蒨 译
32	爱与公正	[法]保罗·利科 著	韩 梅 译
33	濒危的文学	[法]茨维坦·托多罗夫 著	栾 栋 译
34	图像的肉身	[法]莫罗·卡波内 著	曲晓蕊 译
35	什么是影响	[法]弗朗索瓦·鲁斯唐 著	陈 卉 译
36	与蒙田共度的夏天	[法]安托万·孔帕尼翁 著	刘常津 译
37	不确定性之痛	[德]阿克塞尔·霍耐特 著	王晓升 译
38	欲望几何学	[法]勒内·基拉尔 著	罗 芃 译
39	共同的生活	[法]茨维坦·托多罗夫 著	林泉喜 译
40	历史意识的维度	[法]雷蒙·阿隆 著	董子云 译
41	福柯看电影	[法]马尼利耶 扎班扬 著	谢 强 译
42	古希腊思想中的柔和		
		[法]雅克利娜·德·罗米伊 著	陈 元 译
43	哲学家的肚子	[法]米歇尔·翁弗雷 著	林泉喜 译
44	历史之名	[法]雅克·朗西埃 著	
			魏德骥 杨淳娴 译
45	历史的天使	[法]斯台凡·摩西 著	梁 展 译
46	福柯考	[法]弗里德里克·格霍 著	何乏笔 等译
47	观察者的技术	[美]乔纳森·克拉里 著	蔡佩君 译
48	神话的智慧	[法]吕克·费希 著	曹 明 译
49	隐匿的国度	[法]伊夫·博纳富瓦 著	杜 蘅 译
50	艺术的客体	[英]玛丽安·霍布森 著	胡振明 译

51 十八世纪的自由　　［法］菲利浦·索莱尔斯 著

　　　　　　　　　　　　　　　　　　唐　珍　郭海婷 译

52 罗兰·巴特的三个悖论

　　　　　　　　［意］帕特里齐亚·隆巴多 著

　　　　　　　　　　　　　　　　　　田建国　刘　洁 译

53 什么是催眠　　［法］弗朗索瓦·鲁斯唐 著

　　　　　　　　　　　　　　　　　　赵济鸿　孙　越 译

54 人如何书写历史　［法］保罗·韦纳 著　　　　韩一宇 译

55 古希腊悲剧研究　［法］雅克利娜·德·罗米伊 著

　　　　　　　　　　　　　　　　　　　　　　高建红 译

56 未知的湖　　［法］让-伊夫·塔迪耶 著　　　田庆生 译

57 我们必须给历史分期吗

　　　　　　　　［法］雅克·勒高夫 著　　　　杨嘉彦 译

58 列维纳斯　　［法］单士宏 著

　　　　　　　　　　　　姜丹丹　赵　鸣　张引弘译

59 品味之战　　［法］菲利普·索莱尔斯 著

　　　　　　　　　　　　　　赵济鸿　施程辉　张　帆译

60 德加，舞蹈，素描　［法］保尔·瓦雷里 著

　　　　　　　　　　　　　　　　　　杨　洁　张　慧译

61 倾听之眼　　［法］保罗·克洛岱尔 著　　　　周　皓 译

62 物化　　　　［德］阿克塞尔·霍耐特 著　　　罗名珍 译

图书在版编目(CIP)数据

力量:美学人类学的基本概念 /(德)克里斯托弗·孟柯著;翟灿,何乏笔,刘沧龙译.--上海:华东师范大学出版社,2022
("轻与重"文丛)
ISBN 978-7-5760-3197-3

Ⅰ.①力… Ⅱ.①克… ②翟… ③何… ④刘… Ⅲ.①美学—研究 Ⅳ.①B83

中国版本图书馆 CIP 数据核字(2022)第 158069 号

华东师范大学出版社六点分社
企划人 倪为国

"轻与重"文丛
力量:美学人类学的基本概念

主　　编	姜丹丹
著　　者	(德)克里斯托弗·孟柯
译　　者	翟　灿　何乏笔　刘沧龙
责任编辑	徐海晴
责任校对	王　旭
封面设计	姚　荣

出版发行	华东师范大学出版社
社　　址	上海市中山北路 3663 号　邮编　200062
网　　址	www.ecnupress.com.cn
电　　话	021-60821666　行政传真　021-62572105
客服电话	021-62865537
门市(邮购)电话	021-62869887
地　　址	上海市中山北路 3663 号华东师范大学校内先锋路口
网　　店	http://hdsdcbs.tmall.com/

印　刷　者	上海盛隆印务有限公司
开　　本	787×1092　1/32
印　　张	7
字　　数	110千字
版　　次	2022年9月第1版
印　　次	2022年9月第1次
书　　号	ISBN 978-7-5760-3197-3
定　　价	58.00元
出　版　人	王　焰

(如发现本版图书有印订质量问题,请寄回本社客服中心调换或电话021-62865537联系)

Kraft. Ein Grundbegriff ästhetischer Anthropologie
by Christoph Menke
Copyright © Suhrkamp Verlag Frankfurt am Main 2008.
All rights reserved by and controlled through Suhrkamp Verlag Berlin.
Published by arrangement with Suhrkamp Verlag Berlin
Simplified Chinese translation copyright © 2022 by East China Normal University Press Ltd.
All rights reserved.

上海市版权局著作权合同登记　图字:09 - 2013 - 402 号